贵州出版集团有限公司出版专项资金资助

乡村振兴与农村产业发

食用菌产业发展实用指南

徐彦军◎主编

贵州出版集团
贵州人民出版社

图书在版编目（CIP）数据

食用菌产业发展实用指南 / 徐彦军主编. -- 贵阳 : 贵州人民出版社, 2021.12
（乡村振兴与农村产业发展丛书）
ISBN 978-7-221-16852-8

Ⅰ. ①食… Ⅱ. ①徐… Ⅲ. ①食用菌—产业发展—贵州—指南 Ⅳ. ①F326.13-62

中国版本图书馆CIP数据核字(2021)第231048号

食用菌产业发展实用指南

SHIYONGJUN CHANYE FAZHAN SHIYONG ZHINAN

徐彦军　主编

出 版 人	王　旭
责任编辑	赵帅红
封面设计	谢安东
出版发行	贵州出版集团　贵州人民出版社
社　　址	贵州省贵阳市观山湖区会展东路SOHO办公区A座
邮　　编	550081
印　　刷	贵州新华印务有限责任公司
规　　格	890mm × 1240mm　1/32
字　　数	170千字
印　　张	8
版　　次	2021年12月第1版
印　　次	2021年12月第1次印刷
书　　号	ISBN 978-7-221-16852-8
定　　价	32.00元

《乡村振兴与农村产业发展丛书》编委会

《食用菌产业发展实用指南》编委会

主　　编：徐彦军
副 主 编：田风华　张　健　徐秀红
编　　委：李　伟　曾雪峰　须　文　王　健

前　言

党的十八大以来，以习近平同志为核心的党中央把脱贫攻坚摆在治国理政的突出位置，组织实施了人类历史上规模最大、力度最强、惠及人口最多的脱贫攻坚战，完成了消除绝对贫困的艰巨任务，创造了彪炳史册的人间奇迹。贵州作为全国脱贫攻坚主战场之一，得到了习近平总书记的亲切关心和特殊关怀。贵州各族干部群众在贵州省委、省政府的团结带领下，牢记嘱托、感恩奋进，向绝对贫困发起总攻，66 个贫困县全部摘帽，923 万贫困人口全部脱贫，减贫人数、易地扶贫搬迁人数均为全国之最，在国家脱贫攻坚成效考核中连续 5 年为“好”，在贵州大地上书写了中国减贫奇迹的精彩篇章。经过这场感天动地的脱贫攻坚大战，贵州经济社会发展实现历史性跨越，山乡面貌发生历史性巨变，农村产业取得历史性突破，群众精神风貌实现历史性转变，基层基础得到历史性巩固，实现了贵州大地的“千年之变”。

贵州是中国唯一没有平原支撑的省份，93% 的土地由丘陵和山地构成，难以开展规模化农业生产，因地制宜发展特色农业成为必然。“十三五”期间，贵州省委、省政府围绕农业供给侧结构性改革，聚力发展现代山地特色高效农业，创新性地成立了农村产业发展工作专班和专家团队，主抓茶叶、蔬菜、辣椒、食用菌、水果、中药材、生猪、牛羊、生态家禽、生态渔业、刺梨、特色林业等12个农业特色优势产业。贵州现代山地特色高效农业发展取得明显进展，12个农业特色优势产业持续壮大，其中，茶叶、辣椒、李子、刺梨、蓝莓种植（栽培）规模位列全国第一，猕猴桃、薏仁、太子参等产业规模进入全国前三；蔬菜、食用菌、火龙果等产业规模进入全国第一梯队；农民增收渠道持续拓宽，农产品精深加工快速推进，农村创新创业热火朝天。贵州大学积极响应省委、省政府号召，发挥自身专业特长，成立12个农业特色优势产业专班，为贵州12大特色优势产业提供强有力的科技支撑，为贵州取得脱贫攻坚全面胜利做出了突出贡献。

脱贫摘帽不是终点，而是新生活、新奋斗的起点。实现巩固拓展脱贫攻坚成果同乡村振兴有效衔接、推进乡村全面振兴是“十四五”期间农村工作特别是脱贫地区农村工作的重点任务。2021年2月，习近平总书记视察贵州时提出，贵州要在新时代西部大开发上闯新路，在乡村振兴上开新局，在实施数字经济战略上抢新机，在生态文明建设上出新绩。这是习近平总书记为贵州下一步发展所作的战略部署。

乡村振兴是包括产业振兴、人才振兴、文化振兴、生态振兴、组织振兴在内的全面振兴，其中产业振兴是乡村振兴的基础和关键。“十四五”时期，贵州省委、省政府坚持以高质量发展统揽全局，巩固拓展脱贫攻坚成果，全面推进乡村振兴。实施乡村振兴战略的总目标是农业农村现代化。农业现代化的关键是农业科技现代化。

我国正由农业大国向农业强国迈进，必须牢牢掌握农业科技发展的主动权，大力发展农业科技，赋能农业现代化和高质量发展。乡村产业振兴使贵州农业发展方式实现根本性转变，开启了贵州农业农村现代化的新征程。

高质量推进乡村产业振兴，重在因地制宜、突出特色、精准规划。为响应党中央和贵州省委、省政府的号召和部署，加快推进贵州农业现代化和进一步做大做强农业特色优势产业，我们编写了《乡村振兴与农村产业发展丛书》，通过对农村产业进行精准定位，具体分析各产业发展的人口、人文、气候、地理、自然资源、传统优势、政策扶持、市场等因素，发掘产业发展的独特优势，构建现代产业结构和体系，积极为贵州农业高质量发展贡献力量，为建设现代山地特色高效农业强省提供行动指南。

该套丛书具有很强的科学性、系统性、知识性和可读性，并突出其实用性和指导性。既有理论论述，又有实践经验，既有政策分析，又有路径方法，可学可用，对广大农业科技工作者，全省各级干部、大专院校师生等具有重要参考价值。

编者

2021 年 12 月

CONTENTS

目录

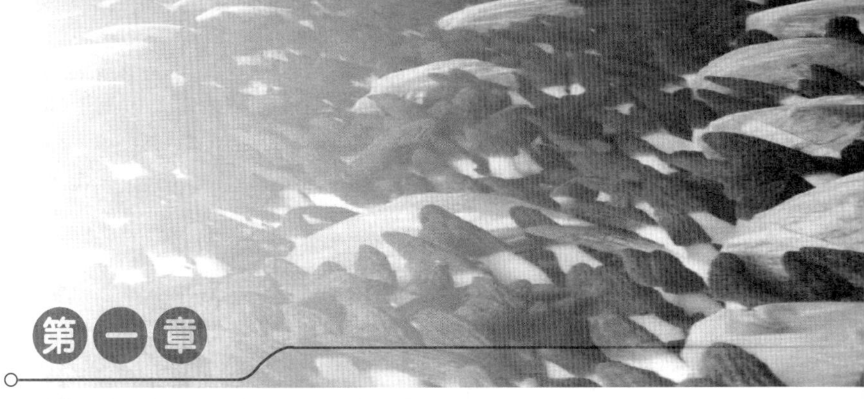

第一章 食用菌产业发展现状与前景

第一节 贵州食用菌产业发展现状

一、发展现状

（一）全国食用菌产业发展现状

我国是全球最大的食用菌生产和出口国，目前，我国人工驯化能够栽培的食用菌已经超过 100 种，主要包括常见的香菇、黑木耳、平菇、金针菇、双孢菇、毛木耳、杏鲍菇等，以及珍稀类的真姬菇、茶树菇、滑菇、银耳、秀珍菇、草菇、鸡腿菇等。

产业规模日益壮大。由《2019 年度全国食用菌统计调查结果分析》可知，2019 年我国食用菌年产量达 200 万吨的有 8 个省份，分别为河南省、福建省、山东省、黑龙江省、河北省、吉林省、四川省、江苏省。这 8 个省的产量合计占全国总产量的 67.71%。食用菌产值排在前十的省份依次为河南省、云南省、河北省、福建省、山东省、黑龙江省、吉林省、四川省、江苏省、江西省，产值均在100亿元以上。

食用菌产能持续增长。自2014年以来，我国大力发展食用菌产业，总产量平稳增长。中国食用菌协会于2020年12月发布《2019年度全国食用菌统计调查结果分析》，结果显示，我国食用菌总产量由2014年的3270万吨增至2019年的3933.87万吨，同比增长3.8%。近年来，随着食用菌产量的提升，食用菌总产值也逐年增长，除2017年有小幅下滑之外，2019年的食用菌总产值达3126.67亿元，同比增长6.4%，首次突破3000亿元。预计在2021年，我国食用菌的总产量和总产值能分别达到4117.5万吨和3291.1亿元。

经营主体发展迅速。2012年，我国仅工厂化生产的企业有788家，随后逐年递减，到2019年12月底，全国食用菌工厂化生产企业有417家，这说明我国食用菌产业正由分散农户、小型企业的分散型生产向大型企业集约化、规模化生产转型。工厂化栽培品种主要以杏鲍菇、金针菇、真姬菇（海鲜菇、蟹味菇和白玉菇的统称）为主。据中国食用菌商务网2016年统计数据显示，2016年工厂化金针菇日产量达3022.41吨，其中雪榕生物日产量高达394吨，占全国的13.04%。

区域产业集群形成。当前，全国食用菌主要生产区域已基本形成。香菇主要产自浙江庆元、河北平泉、湖北随州、河南西峡、山东淄博等地；黑木耳主要产自黑龙江伊春、牡丹江以及吉林黄松甸等地；灵芝产自浙江龙泉；白金针菇产自浙江江山；蛹虫草产自辽宁沈阳；平菇产自江苏射阳；杏鲍菇产自福建漳州、河北唐县；银耳、金堂姬菇和羊肚菌产自福建古田。这些区域的食用菌产业在生产、就业和市场上已有一定规模，专业合作社组织化程度较高，食用菌生产的风险抵御能力较强，食用菌区域产业集群逐渐形成。

（二）贵州省食用菌产业发展现状

产能不断增长。优越的政策条件和良好的生态环境为我省食用菌产业发展带来了良机，全国各地食用菌企业争相来贵州投资，使得我省食用菌产业规模不断壮大，逐步向优势区集中，初步形成了以铜仁印江、毕节大方、安龙为中心的食用菌生产聚集区。2017年底，全省食用菌生产规模达 12.75 万亩。2018 年，全省食用菌栽培面积 20 亿棒（万亩），产量 89.6 万吨，产值 101.5 亿元，稳居全国食用菌第二梯队。2020 中国 · 贵州食用菌产业发展大会提到，2020 年前三季度，贵州省食用菌种植规模达 34.83 亿棒（万亩），总产量约 111.43 万吨，总产值约 143.61 亿元。食用菌产业的发展提供就业岗位 13.9 万个，这不仅解决就业创业问题，还成为促进农民增收致富的重要产业。

品种类型多样。全省各市州均有食用菌种植，主要以大宗食用菌品种为主，如香菇、平菇、木耳、姬松茸、金针菇、秀珍菇、杏鲍菇、双孢菇等大宗品种，占领主要市场；红托竹荪、冬荪、羊肚菌、茶树菇、灰树花、灵芝、长裙竹荪、猴头菇、鸡腿菇、大球盖菇等特色珍稀品种，各市州也开始陆续种植。

扶贫效益提高。食用菌产业具有“短、频、快”的特点，现已成为我省助推脱贫攻坚、带动贫困农户脱贫致富的支柱产业之一。2020 中国 · 贵州食用菌产业发展大会上，时任贵州省农业农村厅厅长杨昌鹏介绍全省食用菌产业发展情况时说，2020 年前三季度，“9+3”县（区）完成种植食用菌 8.65 亿棒，产量 22.75 万吨，产值 36.98 亿元，带动贫困人口 8.58 万人，人均增收 1633 元。食用菌产业成为我省名副其实的扶贫产业。

经营队伍壮大。2020 中国·贵州食用菌产业发展大会提出，当前我省规模以上食用菌经营主体 804 家，其中年产能 1000 万棒以上重点企业 100 余家、省级以上龙头企业 33 家，涌现出一批以不同类型食用菌产品开发为主的经营企业。贵州天齐、贵阳山里妹等龙头企业以天麻、杜仲、灵芝等保健和旅游产品开发为主，高山科技和黔芝灵等企业以灵芝破壁孢子粉、孢子油、天麻胶囊、天麻酒、食用菌茶、面条和酒等精深加工产品为主，益佰、益康等以天麻药品生产为主，九龙、乌蒙菌业和洋山河等以天麻保健食品生产为主。工厂化生产大型企业上海雪榕入驻威宁和大方，湖北森源集团入驻黔西南，劲嘉集团涉足印江，我省食用菌产业正呈现蓬勃发展态势。

品牌效应凸显。我省优质、生态、健康、安全的食用菌通过产地冷链保鲜、烘干、阴干和盐渍等初加工和包装，食用菌产品的种类不断增多，并作为贵州特色保健产品和旅游商品销往国内外，“织金竹荪”“大方天麻”“德江天麻”“梵净蘑菇”“大方无裙荪（冬荪）”“黎平茯苓”“贵义龙姬松茸”“雷山乌天麻”“雪榕香菇”“雪榕海鲜菇”等区域品牌基本形成，贵州优质食用菌产品的品牌影响力和市场竞争力不断提升。

二、存在问题

（一）全国食用菌产业存在问题

近年来，随着我国食用菌产业发展越来越迅猛，产量不断增长，食用菌产业已升至我国第五大种植业，仅次于粮食、油料、果品和蔬菜之后，成为支撑国民经济的支柱产业之一，总产量约占世界的 75%，我国已成为世界上第一食用菌生产大国。但是，在我国食用菌产业高速发展的同时，也存在许多不足与隐患。

产业化程度偏低。我国食用菌生产模式传统，形式多，产能低，食用菌生产模式主要有分散传统农户模式、“企业 + 农户”模式和工厂化生产模式，目前我国主要生产模式为传统农户生产模式。这种模式规模小、分散，影响食用菌产业竞争力提升，且生产方式较为粗放，资源消耗和环境污染现象较为严重。

市场体系不健全。食用菌营养丰富，绿色有机，体美味鲜，食药两用，优点独特，成为餐桌佳品。目前，国内一批又一批食用菌企业正在壮大，我国食用菌产业进入“百菌争艳”的时代。但是产业的盲目扩张必然存在潜在风险，尤其是大量资本进入产业，势必造成生产过剩、供过于求的局面，也使食用菌市场价格波动较大，市场供需矛盾较为突出，市场监管和市场流通等体系不健全，管理不到位等，均制约我国食用菌产业发展。

产业链条短、窄。我国食用菌加工产业发展缓慢，造成食用菌产业链条短、窄等问题严重。目前，食用菌产品多以鲜品、干品等初级品为主，现有加工工艺大多局限于糖渍、盐渍、腌制及不同形式的干制技术，能够延伸产业链的精深加工工艺滞后，产业链链条较短，导致食用菌产品结构缺乏优势、附加值较低、经济收益不高，利润空间小。

技术支撑不足。我国食用菌产业发展迅速，6—7 年的发展就走过日本、韩国及我国台湾地区20—40年的发展历程。但我国除资金充足外，食用菌产业基本知识不扎实，工厂化生产不健全、加工工艺技术不完善，工厂化菌种未实现国产化，基本来自国外，不具有自主知识产权，国内缺乏自主研发的优良品种和配套工艺技术，尤其是满足产业转型升级的成套技术和专业化、工业化的核心技术，设施设备不完善，专业技术和管理人才缺乏。我国食用菌产品加工率不足10%，保健、医疗、美容等领域具有高附加值的菌类深加工产品较少。科技支撑不足严重制约着产业的持续、健康发展。

（二）贵州省食用菌产业存在问题

产业化水平较低。目前，我省食用菌生产方式多以散户种植为主，规模小，条件差，栽培粗放，单产水平和生产效率低。基地生产组织化程度也较低，产业布局不太合理，原辅料质量、机械化装备、栽培管理水平普遍不高，标准化生产技术普及率低。现有食用菌企业实力不强，示范带动能力弱，产品的品牌效应小。

产业链条较短。我省食用菌产业主要以一产为主，二产加工仍以初加工为主，腌渍、烘干、灌装多，精深加工产品少，产业链条较短，外延加工有限，产品科技含量和附加值不高，市场建设滞后，产品流通不畅。三产发展滞后，除少数餐饮企业外，以大健康为主的食用菌养生服务业未建立。

野生菌潜力挖掘不够。我省野生食用菌有268种，外销和出口产值缺乏统计数据，资源储量尚不明确，除竹荪、无裙荪（冬荪）等品种外，牛肝菌、紫花菌、红菇等出口竞争力很强的特色野生食用菌尚未开发利用，野生食用菌规范采摘和保护抚育、毒蘑菇识别等问题未引起重视，野生菌资源保护和开发利用的潜力有待挖掘。

科技支撑不足。食用菌产业涉及面广，种类多，技术升级慢，缺乏专业的研发平台和团队，菌种选育技术、菌种生产技术、食用菌栽培技术、产品精深加工技术等研发能力亟待提高，食用菌技术和人才聚集度不高，食用菌产业技术创新团队或体系配套不全，技术瓶颈制约产业壮大，产业竞争力难以提升。

三、发展环境和优势

（一）政策优势

国家和贵州省高度重视食用菌产业发展，先后在国家农业供给侧结构性改革、乡村振兴、产业融合、发展循环农业、绿色生态农业、现代农业以及扶持农产品加工和制作业等方面制定了相关政策和行动实施方案，将其作为农业供给侧结构性改革、产业扶贫的助攻产业之一，加大资金支持力度，为食用菌产业发展营造了前所未遇的良好政策氛围。

（二）生态优势

贵州地形地貌复杂，高原山地居多，海拔高差 2500 米以上，立体气候特征明显，冬暖夏凉，雨热同期，温湿条件优越，有助于食用菌的人工栽培和自然生长。2021 年贵州省政府工作报告指出，全省森林覆盖率从 2015 年的 50% 提高到 2020 年的 60%，森林覆盖率年均增速居全国第一，森林植被和生态类型多样，工业污染少，为生产优质食用菌创造了良好的生态环境。

（三）资源优势

贵州地处全国菇菌资源分区中的西南区，拥有 22 个科 72 个属

268 种，野生食用菌种类占全国的 80% 以上，是香菇、竹荪的著名产地，竹荪、冬荪、羊肚菌、牛肝菌、鸡枞菌等优质品种资源丰富。境内阔叶林菌材林 704.1 万亩、每年可提供菌材 100.9 万吨，丰富的树木枝叶、木屑、秸秆、酒糟、茶枝和畜禽粪便均可作为食用菌生产的原材料资源。农村劳动力资源也较丰富，成本相对较低。食用菌种质资源、原材料资源和劳动力资源为我省食用菌产业发展提供了优势明显的资源条件。

（四）市场优势

近年来，随着生活水平的提高，人们食物消费结构转型升级，消费习惯从蔬菜、肉类逐渐向食用菌转变，食用菌中含有人体必需的氨基酸、维生素、矿物质，是集营养、保健于一体的绿色健康食品，其消费量日益增加，国内外市场需求逐年扩大。

四、主要经验

（一）贯彻落实产业政策是根本

“十三五”以来，国家、省委省政府出台系列发展食用菌产业的相关政策和工作部署，全省加强统筹协调，积极建设规模化生产基地，培育新型经营主体，创新产销对接模式，开展品牌建设，将食用菌产业打造成为产业扶贫的重要产业，切实推进精准扶贫、精准脱贫。

（二）制定产业发展计划是前提

为发挥我省的生态气候、食用菌资源和区位交通优势，省农委结合全省农业产业发展实际，先后研究编制了《食用菌产业裂变发展实施方案》《贵州省食用菌产业发展规划（2016—2020年）》《贵州省发展食用菌产业助推脱贫攻坚三年行动方案（2017—2019年）》，提出了发展思路、目标、品种布局、主要建设项目、措施和建议，为全省各地发展食用菌产业指明了方向，明确了建设内容，促进产业快速发展。食用菌产业已成为我省扶贫攻坚的主要产业之一。

（三）依靠科技创新是关键

食用菌产业是适合发展现代设施农业、科技含量高的产业之一。科技进步为食用菌品种更新、栽培方式改进、先进适用技术示范推广、加工产品开发等提供了强有力的支撑。全省大力推广“菌棒专业生产、农户分散种植”生产模式、农业废弃物循环利用模式、周年化栽培模式、病虫害绿色防控技术等，提升产品质量，引导食用菌产业步入良性循环。邀请技术专家到基地指导生产，加强基层技术人员、农民的技术培训，有力地支撑了食用菌产业的发展。

（四）强化基础设施是保障

我省坚持把食用菌产业作为助推乡村振兴的重要特色优势产业之一，大力建设食用菌规模化、标准化生产基地，配套完善水、电、路、棚室等基础设施、菌种生产中心及设施、菌棒生产车间及设施设备、菌棒培养室和设备、生产棚室、板房及层架、预冷保鲜库及温湿度调控系统、采后处理、烘干等加工包装设施设备，菌料生产有机肥设施设备等，不断改善食用菌生产条件，增强食用菌生产抵御风险能力，有力支持和保障了食用菌生产。

第二节 贵州食用菌产业发展前景

一、食用菌产业发展前景

（一）全国食用菌产业发展前景

1. 食用菌市场产品结构现状

大宗食用菌产品仍是市场主力军。当前，据中国食用菌协会调查统计数据显示，国内食用菌市场主要产品是大众菇，如平菇、姬松茸、鸡腿菇等，平菇集中产出季节价格保持在 6 元 / 公斤左右，最高可达 12 元 / 公斤；姬松茸价格相对平稳，一般 10 元 / 公斤，京、津、沪等地价格可达 12 元 / 公斤；鸡腿菇生产一直保持少而精的状态，价格稳定。虽然珍稀菇品种的工厂化生产对大众类品种造成一定冲击，但大众菇凭借消费者传统固有消费意识，其价格受淡季市场影响波动较小。

珍稀食用菌产品投入市场少。目前，海鲜菇、蟹味菇、杏鲍菇、袖珍菇等珍稀食用菌品种相继面市，这些小众菇品的消费人群主要是大中城市的高消费人群，真正投入市场的不多，大部分消费者还是偏向大众菇，一是珍稀食用菌产品价格较高，市场很难接受；二是珍稀食用菌产品的技术研发还不过关，一般研发成功的新品种，需要长期跟踪试验，在技术研发上还存在不少难题；三是消费者对珍稀食用菌产品的消费意识还不强。

食用菌品种集中度较高。2009 年以来，国内产量最大的 3 种食用菌产品一直稳定为香菇、平菇、黑木耳。据中国食用菌协会调查统计数据显示，2019 年排前 7 位的品种总产量占食用菌总产量的 86.49%，是我国食用菌生产的常规主要品种，食用菌品种依次为香菇（1115.9 万吨）、黑木耳（701.8 万吨）、平菇（686.5 万吨）、金针菇（259.0 万吨）、双孢蘑菇（231.4 万吨）、杏鲍菇（203.5 万吨）、毛木耳（168.3 万吨），产品集中度较高。

野生菌产品需求上升。近年来，我国野生菌出口额逾亿美元，约 1.5 亿美元，出口品种以鲜松茸、牛肝菌干片、块菌为主，出口产地集中在云南、四川、西藏、吉林等省。云南省境内发现的野生食用菌种类达 882 种，占全世界 2000 种已知野生食用菌种类的 43%，占全国野生食用菌市场的 70%。野生食用菌产品在国外市场上的需求不断上升，国内市场总体呈现供不应求的趋势。

2. 食用菌类产品贸易现状

我国干的食用菌类以出口为主，进口量较小。据中国食用菌协会统计数据显示，2015 年我国食用菌进口总量为 1048 吨，同比增长 63.4%，但我国仅干的食用菌类出口数量为 121674 吨，同比增长 15.2%，出口数量远大于进口数量。出口金额在 1 亿美元以上的种类有干香菇、干木耳和小白蘑菇罐头。

我国出口食用菌以初加工产品为主。根据中国食用菌协会统计，2016 年我国出口食（药）用菌类产品 55.05 万吨，同比增长 8.58%，贸易总额 31.76 亿美元，同比增长 6.61%。2016 年我国食用菌总产量 3597 万吨，出口数量仅占总产量的 1.5%，进口不足 1000 吨，国产食用菌产品仍以内销为主。根据中国海关统计，我国出口食用菌主要以新鲜、冷冻、干货为主，只通过初级加工，食用菌产品附加值低。

3. 我国食用菌产业发展前景

食用菌市场潜力巨大。近年来，我国城乡居民人均可支配收入不断增长，分别从 2010 年的 19109 元、5919 元增至 2017 年的 36396 元、13432 元。食用菌下游行业的餐饮业也快速发展，营业额从 2012 年的 4419.8 亿元增至 2017 年的 5416.3 亿元。收入和下游餐饮营业额的增加，全面健康意识和消费理念的转变，促使消费者更关注天然、保健、营养食品。食用菌符合当下消费者的饮食要求和趋势，在消费膳食结构中的地位日益提升，具有巨大的市场潜力。

循环利用模式可实现环保和经济双赢。食用菌产业的可持续发展特性符合我国国情和长远发展战略的需要，在我国人口众多、耕地资源有限、农业废弃资源（如农作物秸秆和养殖废弃物等栽培原料）丰富的形势下，发展食用菌生产，可克服传统粗放经营对生态环境的污染和破坏，促进废弃物的再利用，农业良性循环。菌渣可作为动物饲料或有机肥，实现有机物质循环反复利用，促进农业生态环境的良性循环和农村经济的健康持续发展，实现环境保护与经济发展双赢。

政策扶持力度继续加大。在国家乡村振兴、发展循环农业经济、绿色生态农业、林下经济及现代农业等相关政策的刺激下，各级行政、财政部门加大对食用菌产业的扶持力度，推动部分地区扩大食用菌栽培面积，总产量不断增加。目前国家出台农产品加工扶持政策，食用菌深加工成为食用菌产业发展的新增长点，推动产品附加值的增加和产业链的延伸。

工厂化生产将成趋势。近年来，随着食用菌产业的快速发展以及消费者食品质量安全消费意识的增强，我国食用菌生产模式及时实现转型升级，传统人工栽培正在走向标准化、规模化、周年化的工厂化生产模式，现代取代传统，这将大大提高食用菌的投入产出比例。我国食用菌工厂化产业格局优化，产能将趋于集中，日产能不断提高，核心品种突出，工厂化生产是食用菌产业发展的高级阶段，也是食用菌生产的国际化趋势。

科技创新继续强化。我国应借鉴日本、韩国的管理模式——“食用菌集中培养中心模式”，围绕食用菌产业链做研究，从食用菌资源保护、引种驯化、新品种培育、生产种植、产品加工和深加工、品牌培育、市场销售等环节，构建从研发到市场、从生产到消费等各个环节，形成紧密衔接、环环相扣的完整创新体系。通过科技创新，从而打通产业上、中、下游的完整产业链条，补足技术短板，促进我国食用菌产业健康持续发展。

（二）贵州省食用菌产业发展前景

1. 贵州食用菌市场

据行业统计，2017 年 1—12 月全省统计的 23 种食用菌平均价格为 25.34 元 / 千克，2018 年 1—6 月全省统计的 23 种食用菌平均价格为 26.38 元 / 千克，与 2017 年同期 32.45 元 / 千克相比有所降低。从食用菌平均价格走势来看，2018 年全省统计的 23 种食用菌全年平均价格同比可能有所下降。

按省食用菌三年行动方案的主要品种分类，2017 年 1—12 月，大宗品种平均价格 7.18 元 / 千克，珍稀品种 15.68 元 / 千克，特色品种 72.25 元 / 千克，野生菌 25.62 元 / 千克；与 2017 年同期价格相比，2018 年 1—6 月，大宗品种和珍稀品种平均价格增长，分别由 7.66 元 / 千克增至 9.14 元 / 千克、由 11.60 元 / 千克增至 28.24 元 / 千克；特色品种和野生菌平均价格下降，分别由 100.86 元 / 千克降至 68.85 元 / 千克、34.37 元 / 千克降至 19.67 元 / 千克。从各品种平均价格走势看，大宗品种和珍稀品种的价格较为稳定，特色品种和野生菌在 2017 年开始，价格较高，之后趋于平稳。

2. 贵州省食用菌产业发展前景

贵州属于亚热带高原季风湿润气候，低纬度、高海拔、寡日照、温暖潮湿，立体气候特点突出，适宜各类食用菌生长。境内食用菌种质资源丰富，同时拥有丰富的阔叶树木枝叶木屑和农作物秸秆，为贵州发展食用菌生产提供了低成本原材料资源。贵州高原山地居多，无平原支撑，森林覆盖率高，具备优质无污染的生态环境条件，会成为生态安全的优质食用菌生产优势区。

食用菌产业可循环利用农林牧副产物，具有促进农业增效、农民增收和国民健康的重要作用。“十三五”以来，我省食用菌产业快速发展，已成为带动农民脱贫致富的优势产业之一，特别是工资性收入和财产性收入增长不大的情况下，食用菌产业发展显得尤其重要。

二、食用菌产业发展趋势

（一）我国食用菌产业发展趋势

近些年来，中国食用菌产业迅猛发展，食用菌总产量、总产值正在持续增长。我国西南地区、西部地区食用菌产业发展快速，东部地区也正在加快食用菌产业结构调整，这是使我国食用菌产业迎来升级转型新时期。食用菌工厂化生产步入一个相对调整期，生产企业和从业者应加强技术研发、完善生产标准、规范市场秩序、挖掘产业内涵、注重人才建设等，完成我国食用菌工厂化、智能化发展阶段的新跨越。

工厂化品种多样化。随着城镇化进程的加快和农业现代化的推进，食用菌工厂化生产品种将向多菌类方向延伸，工厂化产品朝差异化、多样化方向发展，木腐菌、草腐菌并行，食用菌多品种工厂化生产格局将逐步形成。

产业经营规模化。高利润驱动和国家与地方惠农政策影响下，众多中小企业进入食用菌行业，随着市场竞争加剧，工厂化产品价格承压，许多规模偏小企业亏损，甚至倒闭。长远来看，企业的优胜劣汰有益于行业健康发展。小型企业可聚小为大，产能集中，形成技术先进、资金雄厚的规模化龙头企业，迅速占领食用菌市场。

食用菌生产标准化。食用菌工厂作为现代化农业、精准化农业的示范点，必须严格实施管理标准化、操作标准化、产品标准化，与国际标准接轨，建立和完善产品企业标准，进行自主管理，保障食用菌产品优质化，才能促进产业健康发展，提升产品的市场竞争力。

技术人才专业化。菌种研发和设备创新需要高科技人才的参与，未来会更加注重培养既有食用菌基础理论知识又有食用菌工厂化生产实践经验的专业技术人员。

市场营销品牌化。食用菌产业发展应多方开拓市场销售渠道，根据市场需求情况，灵活选择产品流向，重视市场开发，实现自身产品价值。注重食用菌优秀品牌培育，加强品牌宣传推介，提高食用菌产品的市场竞争优势。

设施设备完备化。行业食用菌工业化生产的发展很大程度上依赖于设备的更新与完善，未来食用菌工厂化生产在设备、设施的投入方面将更加趋于理性，食用菌工厂化生产的配套行业将逐步兴起。

（二）贵州省食用菌产业发展趋势

食用菌栽培工厂化。在我国食用菌主产区中，与2015年相比，食用菌增长幅度较大的是贵州、吉林、湖北、陕西、广东和山西，分别增长了126.34%、20.97%、15.6%、52.21%、12.17%和11.44%。可见，西部地区食用菌产业发展加快，东部地区则加快食用菌产业结构调整。未来几年内，我省食用菌产业将进入结构调整期，工厂化生产将逐步取代大棚种植。

野生食用菌产业化。野生食用菌产业化云南野生食用菌自然产量50万吨，其中已大量开发利用的有20多种，年产量约8万吨，全国市场商品野生食用菌约70%为云南所产。贵州拥有丰富的森林资源，立体气候特色明显，野生菌品种多样，可效仿云南，注重特色珍稀野生食用菌资源的开发利用，在生态环境、加工配送、消费渠道和消费食用等环节下工夫，积极发展贵州野生菌产业，成为新的经济增长点，推进我省实施乡村振兴战略，实现农民增收、农村繁荣。

产品优质安全化。当前，食用菌产业蒸蒸日上，食用菌兼具营养保健的独特优点，市场潜力巨大。我省应瞄准现代农业和大健康产业需求导向，依托自然禀赋、地方特色资源和政策优势，以产品优质、生态安全为根本，注重品牌培育，挖掘文化内涵，提升科技创新能力，促进产业持续健康发展。

加工产品精深化。随着我国居民人均可支配收入的不断增长和消费需求的不断升级，传统食品亟须向以营养健康、个性快捷为特点的新型食品转变，我省食用菌产业要从更新换代生产设备、优化升级品种、研发精深加工产品、细分产品渠道等方面着手，提高食用菌产品附加值。

三、发展思路

（一）发展思路

贵州省食用菌产业发展规划（2020—2022年）指出，以习近平新时代中国特色社会主义思想为指导，深入贯彻落实省委、省政府关于纵深推进农村产业革命的决策部署，坚持绿色发展理念，以深化农业供给侧结构性改革为主线，全面落实“八要素”要求，坚持“强龙头、稳规模、创品牌、带农户、促增收”，做强特色珍稀食用菌，做优大宗食用菌，因地制宜发展“林—菌”产业，全力推进食用菌基地标准化、菌棒专业化、营销品牌化、加工精深化，全面提升菌种、菌材保供能力，加强科技人才支撑，推进产业集群发展，延伸产业链和价值链，推进一、二、三产融合发展，促进全省食用菌产业质量更高、竞争力更强、效益更好，打造中国食用菌产业大省，为推进乡村振兴，开创百姓富、生态美、多彩贵州新未来提供保障。

（二）目标定位

贵州省食用菌产业发展规划（2020—2022 年）指出，贵州省食用菌产业目标定位为：优化种类结构和区域布局，大力推广“龙头企业 + 合作社 + 农户”的组织方式，加快规模化、标准化基地建设步伐，鼓励发展“林—菌”“稻—菌”等立体、多元、复合生产模式，促进产业绿色高质量发展，推动全省食用菌产业转型升级。打造全国优质竹荪产业集群、南方高品质夏菇主产区，建成中国食用菌产业大省。

四、产业规划布局

贵州省食用菌产业发展规划（2020—2022 年）中食用菌产业布局如下：围绕贵州各区域自然资源禀赋、产业基础、土地资源类型等条件，进一步优化 5 大产业带，发展生产规模 3000 万棒（亩）以上的 30 个重点产业县（生产规模占比达 70% 以上），打造 3 个产业集群、1 个产品集散交易中心、1 个精深加工及蘑菇文化体验示范区，推动一、二、三产业融合发展。

（一）产业带布局

1. 黔西北、黔西乌蒙山区食用菌产业带

包括纳雍、大方、威宁、黔西、织金、赫章、水城等县。区域内气候温凉，是夏季生产的优势区域。重点发展红托竹荪、香菇、冬荪、金针菇、海鲜菇、杏鲍菇、木耳、羊肚菌等。

2. 黔北、黔东大娄山区 – 武陵山区食用菌产业带包括印江、播州、玉屏、道真、德江、碧江、万山等县（区）。区域内海拔较低，热量条件较好，重点发展香菇、木耳、杏鲍菇、茶树菇、平菇、羊肚菌、冬荪、红托竹荪、双孢蘑菇等。

3. 黔东南、黔南苗岭食用菌产业带

包括剑河、锦屏、台江、从江、贵定、三都、黎平等县。区域内温度较高，适宜秋冬和冬春生产。重点发展香菇、木耳、茯苓、黑皮鸡枞、羊肚菌、平菇、灵芝、大球盖菇、双孢蘑菇、草菇、红托竹荪等。

4. 黔西南喀斯特山区食用菌产业带

包括安龙、兴义（含义龙新区）、晴隆、贞丰等县。区域内夏菇生产条件好，产业规模相对较大，从业人员较多。重点发展香菇、红托竹荪、姬松茸、平菇、木耳、海鲜菇、秀珍菇等。

5. 黔中山原山地食用菌产业带

包括西秀（含经开区）、紫云、关岭、白云、开阳等县（区）。以贵阳为中心，依托省会城市优势，形成集新技术研发推广、精深加工、市场物流、休闲体验等多种新业态的产业集群。重点发展香菇、红托竹荪、平菇、双孢蘑菇、羊肚菌、秀珍菇等。

（二）产业集群布局

1. 黔西北食用菌产业集群

以织金、黔西、纳雍、大方、水城为核心区，打造以红托竹荪、周年香菇、冬荪为主，其他特色品种为辅，园艺式栽培与工厂化栽培协同推进，带动赫章、六枝、盘州、金沙、赤水、仁怀、桐梓发展的产业集群。

2. 黔西南食用菌产业集群

以安龙、兴义（含义龙新区）、贞丰为核心区，打造以香菇、红托竹荪为主，其他特色品种为辅，带动晴隆、兴仁、册亨、望谟、普安、紫云、关岭、正安、务川、从江发展的产业集群。

3. 黔北、黔东北食用菌产业集群

以印江、玉屏、道真、万山为核心区，打造香菇、木耳为主，其他特色品种为辅，带动正安、播州、石阡、德江、沿河、习水、红花岗、汇川、麻江、丹寨、黄平、施秉、镇远、天柱、锦屏、黎平发展的产业集群。

4. 贵州食用菌集散交易中心

以贵阳市为核心，打造贵州食用菌集散交易中心，带动发展五大产业带区域性集散中心建设，提高产品质量和保证市场供应。

5. 食用菌精深加工及蘑菇文化体验示范区

培育一批工艺先进、科技含量高、出口能力强的食用菌加工龙头企业，发展食用菌精深加工；依托特色小镇和产业园区，打造集菌菇美食体验、养生体验、采摘体验等为一体的休闲农业示范区。

五、产业相关政策

《食用菌产业裂变发展实施方案》

《贵州省食用菌产业发展规划（2016—2020 年）》

《贵州省发展食用菌产业助推脱贫攻坚三年行动方案（2017—2019 年）》（黔府办发〔2017〕39 号）

《贵州省食用菌产业发展规划（2020—2022 年）》

《贵州省食用菌菌种保供规划（2020—2022 年）》

《贵州省菌材林基地建设规划（2020—2022 年）》

第二章 常见食用菌的栽培技术

第一节 杏鲍菇栽培技术

杏鲍菇也称刺芹侧耳，属于担子菌纲伞菌目侧耳科侧耳属。杏鲍菇菌肉肥厚，质地脆嫩，口感绝佳，商品性状好，富含多种氨基酸和矿物元素。

一、栽培配方

杏鲍菇适宜栽培的区域较大，应根据不同地区的原、辅材料来选择配方。生产上常用配方有以下 4 种，分别为：

配方 1：玉米芯 82%、玉米粉 4%、麸皮 12%、白糖 0.5%、石灰 1%、石膏 1%，pH7.5—8.5。

配方 2：梨树木屑 65%、玉米芯 27%、玉米粉 5%、蔗糖 1%、石膏 1%、石灰 1%、pH7.5。

配方 3：木屑 50%、玉米芯 42%、玉米粉（或麸皮）5%、白糖 1%、石膏 1%、石灰 1%、含水量 60%—65%，pH 值 7.5。

配方 4：桉树屑 78%、麸皮 18%、玉米粉 2%、糖 1%、石膏 1%、磷酸二氢钾 0.3%，pH 值 7.5—9。

二、杏鲍菇栽培技术

（一）配料

贵州省栽培杏鲍菇，栽培种培养在 9—10 月，9 月上旬至次年 2 月下旬栽培较为适宜。以当地气温稳定在 10℃—20℃之间时出菇是最适宜季节，贵州大部分地区在 10 月下旬至翌年 4 月份出菇。

按照上述配方准备原材料，加水充分搅拌。拌料时，按1∶1.2加水，使原材料中的含水量达到60%—65%为宜。

（二）装袋

灭菌时杏鲍菇栽培袋材料选用高密度低压聚乙烯塑料袋，规格为 43 厘米 ×23 厘米 ×0.002 厘米；高压灭菌时，选用聚丙烯塑料袋，规格为 17 厘米 ×33 厘米 ×0.005 厘米。一般每袋湿重在 1—1.1 千克为宜。

（三）灭菌

装袋后及时灭菌，灭菌时，料袋与袋之间要有空隙。灭菌时，在温度 100℃时保持 16 小时以上；压力为 1.5 千克 / 平方米时，控制时间为 2.5 小时，后缓慢降压排气。采用“井”字形码放。出锅后，把其放入接种室内冷却到 30℃以下时开始接种。

（四）接种

在接种前 1—2 小时用气雾消毒盒对接种室进行消毒（6 立方米 / 片），接种时，先用 1‰高锰酸钾水进行消毒后，再把原种瓶进行消毒，在酒精灯火焰上方将接种袋迅速打开，用勺子或镊子把菌种接入袋内，封面，扎口，然后放入 28℃发菌室进行培养。

（五）发菌管理

将菌袋呈“井”字形码放塑料袋或筐装层架发菌。发菌期室内温度控制在 23℃—25℃之间，相对湿度保持 60%—65% 之间，弱光或黑暗条件即可。培养 30—40 天即可长满菌袋。

码放整齐的菌袋

（六）出菇管理

1. 搔菌

菌袋培养 7—10 天左右开始搔菌。用铁钩除去表层老菌种，使袋口上菌质平整，再封袋口。继续培养 3—4 天后，喷水保湿，诱导原基形成。

2. 诱导出菇管理

出菇温度保持在 10℃—15℃之间，相对湿度 90%—95%，光照条件为 500—800lx 的散射光。待菌丝长满后，继续培养 8—10 天，再进行后熟。

3. 层架式出菇

（1）码放

层架多为宽 15 米、高 2—2.2 米、层高 50 厘米、底层离地 20 厘米的出菇架。

（2）催蕾

菌袋放好后增湿、降温，棚内的湿度应控制在 85% 以上，温差值为 10℃左右，一般不低于 8℃或高于 20℃，连续培养 5—10 天后，进行菌丝复壮。当出现大量的白色块状原基后，进入子实体生长管理阶段。

杏鲍菇层架式栽培

4. 通气疏蕾

当出现原基后，加大通气量，控制温度在 12℃—15℃之间。当菇蕾长到 1 厘米左右，用刀片进行疏蕾，去掉生长点（伞盖），留 2—3 个菇型较好的即可。

5. 采收

待菇体长到伞盖齐平时进行采收，用刀片从根部轻轻切下，切勿伤及其他幼菇，防止死菇。按级单放，包装出售。

第二节 黑木耳栽培技术

黑木耳（*Auricularia heimuer F. Wu， B.K. Cui & Y.C. Dai*），又名细木耳、黑菜、树鸡、光木耳、木蕊云耳等，属于担子菌门（*Basidiomycetes*），蘑菇纲（*Agaricomycetes*），蘑菇目（*Agaricales*），木耳科（*Auriculariaceae*），木耳属（*Auricularia*）胶质真菌，在我国主要栽培于黑龙江、四川、广西和云南等地。黑木耳子实体胶质含量较高，质地柔软平滑，味道鲜美。中医学认为，黑木耳具有润肺止咳、滋肾养胃、润燥、补气养血等作用，黑木耳富含蛋白质、矿物质、多糖、维生素、膳食纤维和氨基酸等物质，是我国珍贵的药食兼用真菌。黑木耳蛋白含量为 10.0—16.2g/100g，其蛋白质中含有 17 种氨基酸，尤以谷氨酸和天门冬氨酸为主。黑木耳蛋白质含量 10% 左右，含有人体所需的 8 种必需氨基酸，效价较高，有抗肿瘤功效。水解后可获得多种生物活性肽，如黑木耳活性肽与钙的螯合物可有效降低骨质疏松风险。黑木耳在保健品开发方面有着很大的应用价值，如黑木耳饮料等。目前，我国黑木耳年产量占世界总产量的 99% 以上，2020 年全国黑木耳产量超过 800 万吨，黑木耳产业在香菇之后，位居第二。

一、黑木耳的生物学特性

（一）黑木耳的形态特征

黑木耳由菌丝和子实体两部分组成。菌丝是黑木耳的营养器官，为子实体提供水分和营养物质。黑木耳的子实体成胶质状，颜色为黑色或灰黑色。

1. 菌丝

菌丝呈白色，气生菌丝较发达，菌丝生长速率适中。若在培养基中培养时间过长可生出黄褐色斑点。显微镜下可观察到锁状联合现象。

2. 子实体

耳片呈不规则耳状、半透明胶质，富有弹性，干燥后收缩成角质。子实体腹面光滑或有脉状皱纹，红褐色或棕色，干后变为深褐色至黑褐色。背面有绒状短毛，青褐色。子实层着生在腹面，能产生大量的孢子。孢子无色光滑，常呈弯曲、腊肠状或肾形。许多孢子聚集在一起时，如一层白霜附在其腹面。黑木耳形态特征分化简单：片状、浅褐色—褐色—深褐色—黑色、褶皱多少不同、厚度不一、背面纤毛密度和长短不一、朵型分单片和簇生。对环境条件要求宽泛，耐胁迫能力强，是典型的木腐食用菌，耐强光、耐大温差、耐旱、干品储存性好。

（二）黑木耳的生活史

黑木耳是异宗结合二极性菌类。

（三）黑木耳的生活条件

1. 营养条件

黑木耳属于木腐菌，在其生长发育过程中需要碳素、氮素、无机盐和维生素等营养物质。菌丝生长过程中先分解基质中的木质素，然后利用纤维素。

2. 环境条件

（1）温度

黑木耳是恒温结实性菌类。菌丝在 8℃—33℃均能生长。达到生理成熟的菌丝在 15℃—22℃的条件下都能正常地分化出子实体，子实体生长最适宜的温度为 16℃—20℃。

（2）湿度

黑木耳菌丝生长阶段要求培养料的含水量为 60%—65%。空气湿度保持在 65%左右。子实体发育阶段需要较多的水分，空气相对湿度以 90%—95%为宜。低于 80%时生长迟缓，耳片边缘干硬。

（3）空气

黑木耳是好气性真菌。无论是菌丝生长还是子实体发育，都需要足够的氧气。在子实体发育阶段，保持室内通风顺畅，若培养室通风不良，易形成“鸡爪耳”，失去商品价值。

（4）光线

黑木耳菌丝生长阶段同大多数食用菌一样，一般不需要光线。光线过强会影响菌丝生长发育，甚至提前形成原基。耳片的形成则需要大量的散射光，在完全黑暗的条件下，子实体原基不能形成。如果光线不足，子实体的生长发育则不正常。

（5）酸碱度

菌丝在 pH4—7 的条件下均能正常生长，以 pH5.0—6.5 最为适宜。上述各种条件不是独立存在的，而是相互影响的。因此，在栽培实践中应该综合考虑各种条件对黑木耳生长发育的影响，以便科学管理。

二、常规栽培技术

根据我国黑木耳栽培模式的沿革和现状，黑木耳栽培模式分椴木栽培、棚内吊袋栽培、露地栽培和林下仿生栽培。在我国黑木耳栽培区域——“北耳南扩”战略的发展下，贵州省黑木耳种植模式主要有露地栽培和林下仿生栽培两种模式。具体栽培流程如下图：

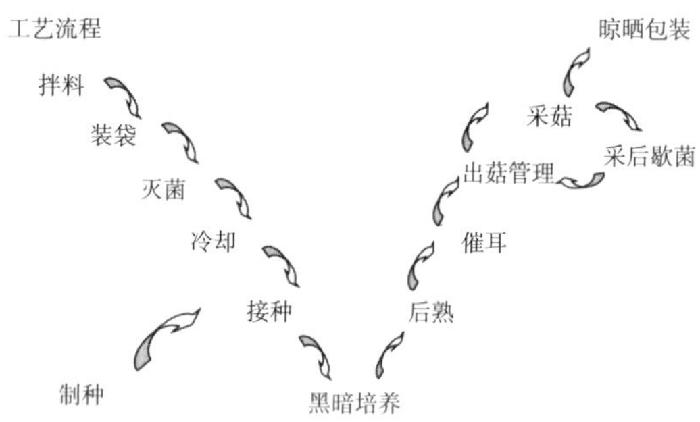

（一）母种制备

母种选用 PDA（马铃薯葡萄糖琼脂培养基）培养 10 天左右，菌丝长满即可。也可以采用 PDA 平板（直径 6 厘米），转板后约 7 天左右长满平板，即可使用。

（二）原种制备

原种为二级种，生产上通常采用液体菌种或固体菌种，液体种培养料配方如下。

液体种：

配方一：马铃薯（去皮）200 克、葡萄糖 20 克、1000 毫升水（此为基础培养基 PDB）。

配方二：麸皮 10%、葡萄糖 3%、$MgSO_4$0.02%、$KH_2PO_4$0.1%，pH 值 5.0—7.0。麸皮煮沸 30 分钟过滤取汁，121℃灭菌 30 分钟。接种后，25℃静置培养 2 天，26℃—29℃、160 转 / 分钟条件下振荡培养 7 天。此时，培养好的液体菌种活力与抗杂能力强，应当尽快使用。

固体二级种：

配方一：木屑 78%、麸皮 20%、白糖 1%、碳酸钙 1%、含水量 60%。

配方二：麦粒 90%、木屑 8%、轻质碳酸钙 2%。使用 750 毫升玻璃瓶，121℃—123℃高压蒸汽灭菌 2 小时，于 25℃下避光培养，25 天左右菌丝满袋，后熟 7—10 天即可使用。

（三）栽培种制备

栽培种为三级种，将生产种菌包直接用于出耳。

配方一：棉籽壳 28%、杂木屑 60%、麸皮 10%、石膏粉与石灰粉各 1%，含水量为 60%。

配方二：杂木屑 82.5%、石灰粉 1.5%、麸皮 15%、石膏粉 1%。含水量 60%—65%。

配方三：杂木屑 39%、棉籽壳 39%、麸皮 18%、玉米粉 3%、轻质碳酸钙 1%，含水量约 60%，pH6.5。

配方四：木屑 66%、稻壳粉 15%、米糠 15%、豆粉 2%、石膏 1%、石灰 0.5%、蔗糖 0.5%。

配方五：木屑 77%、麦麸 20%、豆粕 2%、石灰 0.5%、石膏 0.5%。

配方六：木屑 78%、麸皮 20%、碳酸钙 1%、生石灰 1%。

配方七：木屑 78%、麸皮 12%、棉籽壳 9%、石膏 0.5%、石灰 0.5%。

配方八：木屑 93%、麸皮 3%、玉米粉 2%、碳酸钙 1.5%、生石灰 0.5%。

拌料装袋，选用聚丙烯袋规格为 17 厘米 ×33 厘米，每袋 2 斤左右。采用 0.14mPa，121℃灭菌 2 小时。降至室温转入接种室，在无菌环境下接种。

1. 液体菌种接种方法

每袋菌种约 10—15 毫升，均匀覆盖料面。接种后，置于 25℃下避光培养。

2. 固体种接种方法

灭菌后的料袋置于无菌室冷却至 26℃，在超净工作台或无菌室中，用刚长满的固体种进行接种，每袋接菌种 30 克。培养温度 25℃左右，菌丝占满料面前为 26℃，占满料面后为 25℃，避光培养。

（四）发菌管理

发菌期间不喷水，暗培养，保持空气湿度 50%—60%，定期查菌，及时清除污染的菌袋。菌丝在 8℃—33℃之间均能生长，前期为 25℃—28℃，后期温度为 20℃—25℃，二氧化碳 <4000ppm（人感觉舒畅），在 8℃以下、38℃以上受到抑制。黑木耳菌丝能耐高温不耐低温。长时间低温下可以致死黑木耳菌丝，黑木耳菌种的保

存温度最好在 5℃以上。

（五）菌袋打孔

菌丝全部长满袋后，10—15 天后采用木耳专用刺孔机进行刺孔，不同品种刺孔形状和直径对产量和品种的影响不同。目前选用“圆形”，孔直径约 8 毫米、孔深约 5 毫米的刺孔方式较好，如下图：

菌袋打孔

（六）催耳

刺孔后根据栽培模式和产地情况选择不同的催耳方式，如下图：

室内集中催

室外集中催

室外直接催

耳基形　耳基分

子实体生　子实体成

菌棒在刺孔开口后，开口处菌丝发生损伤，需要静置菌棒，一周内避免喷水，可采取用湿润无纺布覆盖，起到保温、保湿的作用，促使菌丝恢复生长，进而形成耳芽。耳床内菌棒的温度控制在10℃—25℃，以不超过22℃为宜。

（七）出耳管理

15℃的早春和晚秋，当大量耳基形成后，要加大喷水强度，要根据气温高低决定是否需要喷水和喷水量。晴天或阴天，每天喷水2次，即早晚各喷水1次，一般在早上太阳升起前、下午太阳落山后进行，每次喷水20分钟，雨天不喷水。当耳片长到2.0—3.0厘米时要加大喷水量，每次喷水时间为30分钟。

实践证明，发现耳片边缘已经吸足水分，呈自然状态，应停止喷水；发现耳片边缘呈干、白，耳片未恢复自然状态时，应延长喷水时间并增加水量，直至耳片边缘已经吸足水分，恢复自然状态为止。

如果遇到霜冻天气，应在14：00—15：00时喷水，喷水时间更长，需喷50—60分钟。

1. 原基生长阶段

一般菌袋上床后的7—10天为这一时期，主要诱发耳基形成，即保持床面空气相对湿度在80%左右，温度控制在20—25℃，散射光线及大量通风。

2. 耳芽分化阶段

当原基形成到耳芽分化时，应逐渐加大喷水量与通风量，温度在18℃—32℃之间，最适宜温度为20℃—25℃间。喷水时应关闭棚室。每天通风3—4次，每次30分钟。根据温度选择通风时间。高湿高温条件下盖遮阳网并掀开棚四周塑料膜进行通风，以防止木霉对耳芽分化的影响。

3. 子实体生长期

自伸展出小耳片到耳片充分展开这一阶段称为子实体生长期。此时期应逐渐加大浇水量，空气相对湿度为90%—100%，同时加大通风量。

（八）采收

耳片七八成熟就可采收，应采大留小，防止耳片过熟后污染菌袋及生长场所。应在采收前1天停止喷水，并选择晴天下午采收，达到控制鲜耳含水量的目的。采耳时，用手直接将耳片连同耳基采下，不碰伤周围的耳片，防止耳片变色和杂菌感染。如耳不齐，可采大留小分批采收。采收后应及时烘干或晒干。

（九）晾晒

采用专门的防雨纱网晾晒，采收的黑木耳要及时晒干，防止褐变。晾晒厚度2—3厘米，每2小时翻动一次，防止耳片粘连，下雨时及时覆盖塑料布。无雨时让其四面通风，自然干燥，含水量要低于14%。

（十）包装

产品外包装应符合GB/T6543-2008的规定，选用双层聚丙烯塑料。认证产品需按要求加贴标识。

（十一）贮存

贮存场所应满足通风、干燥、防鼠、防虫、清洁、避光等要求，避免同有异味、易污染、有毒、有害、有腐蚀性等物品混放。

（十二）运输

运输采用专用交通工具，尽可能避免风吹日晒、雨淋，防止挤压、碰撞，禁止同有毒、有害、有异味物品一同运输。

第三节 毛木耳栽培技术

毛木耳素有“树上海蜇皮”之美称，质地脆滑，清新爽口，具有滋阴补阳、清肺益气、补血活血、止血止痛等功效，是一种保健功能强大的天然食（药）用菌。现代医学研究表明，毛木耳子实体含有丰富的木耳多糖，具有较高的抗肿瘤活性；毛木耳含有适量的粗纤维，能促进人体胃肠蠕动、帮助消化，是现代白领阶层人士的保健食品。

毛木耳栽培的发展历史与黑木耳相近，早期也是采用木段栽培。随着袋料栽培技术的普遍应用，在借鉴黑木耳栽培、香菇栽培的基础上，发展出毛木耳短袋栽培和长袋栽培两种模式。在四川栽培面积最广、产量最大。根据中国食用菌协会统计，2017 年我国毛木耳总产量约为 168.64 万吨，在我国食用菌产业中位居第六。毛木耳生产周期较短，生物学效率高，栽培技术简单且生产经济效益高，因此已经成为很多贫困地区脱贫致富的首要选择项目之一。2020—2021 年贵州省毛木耳鲜品价格 2 元左右，是一个经济价值较好的食用菌栽培品种。

一、生物学特性

（一）形态和分类地位

1. 分类地位

毛木耳（*Auricularia cornea Ehrenb*），又称黄背木耳，属于担

子菌门（*Basidiomycota*）蘑菇纲（*Agaricomycetes*）蘑菇目（*Agaricales*）木耳科（*Auriculariaceae*）木耳属（*Auricularia*）的一种胶质真菌，生于热带与亚热带地区，生长于枯枝、枯干上。与传统黑木耳相比，具有耳片大、厚，质地粗韧，硬脆耐嚼等优点，其抗逆性强，易栽培。下图为几种常见的耳类食用菌品种，上面为野生状态，下面为栽培状态。

金耳　　银耳

黑木耳　　毛木耳

2. 形态特征

菌丝体：菌丝呈白色，气生菌丝较发达，菌丝生长速率适中。若在培养基中培养时间过长可生出黄褐色斑点。显微镜下可观察到锁状联合现象。

子实体：毛木耳的原基杯状，浅圆盘形、耳形成不规则形，黄褐色并附有白色绒毛。子实体含胶质、耳片脆嫩，光面紫黑色，晒干后成黑色、毛面为黄褐色或白色。基部明显，无柄，稍有皱，鲜时较软，烘干或晒干后收缩。外面有较长绒毛，无色，仅基部褐色，耳片成熟后反卷。鲜耳直径 8—43 毫米，厚度 1.2—2.2 毫米。形态特征分化简单：片状，生长在柳树、洋槐、桑树等多种树干上或腐木上，丛生，常成束生长。对环境条件要求宽泛，耐胁迫能力强，是典型的木腐食用菌，耐强光、耐大温差、耐旱，干品储存性好。

（二）毛木耳的生活史

一般认为毛木耳是异宗结合四极性菌类。

（三）毛木耳的生长发育条件

1. 营养条件

毛木耳属于木腐菌，通过分泌胞外酶降解基质中的木质素、纤维素和含氮有机化合物成小分子，进而吸收利用。在其生长发育过程中需要碳素、氮素、无机盐和维生素等营养物质。菌丝生长可直接吸收利用葡萄糖、蔗糖、果糖、氨基酸等。毛木耳是一种速生食用菌，主要产量集中在第一潮耳和第二潮耳，所以，建议选择质地较松软的树木来栽培。

2. 环境条件

毛木耳在春夏至夏秋均可栽培，为中高温型耳类。

（1）温度

毛木耳菌丝生长适宜温度为25℃—30℃，超过40℃后菌丝停止生长。生理成熟的菌丝在温度15℃—22℃的条件下可正常地分化出子实体，其子实体生长的适宜温度为18℃—23℃。高于26℃，生长快，耳片薄，色泽为红棕色，品质差。低于15℃，生长缓慢，10℃以下停止生长。

（2）湿度

毛木耳菌丝生长阶段要求培养料的含水量为55%—60%。含水量过高，菌丝生长缓慢，且易受杂菌感染；若低于55%，第三潮菇、第四潮菇水分不足而减产。空气湿度保持在70%左右。子实体发育阶段需要较多的水分，空气相对湿度以85%—95%为宜，低于80%时生长迟缓，耳片边缘干硬。

（3）空气

毛木耳是好氧型真菌。菌丝生长和子实体发育均需要足够的氧气。在子实体发育阶段，保持室内通风顺畅，若通风不良，二氧化碳积累过多，菌丝呈灰白色，耳片不易展开，形成“鸡爪耳”，没有商品价值，导致杂菌污染。

（4）光线

毛木耳菌丝生长阶段同大多数食用菌一样，一般不需要光线。光线过强会影响菌丝生长发育，甚至提前形成原基。在耳片原基分化需要一定的散射光。光照强弱对耳片的色质会造成直接影响，在弱光条件下表现为耳片色淡，茸毛细短；光照强时耳片颜色深，茸毛粗长。

（5）酸碱度

菌丝在 pH 值 4.5—8.5 的条件下均能正常生长，以 pH 值 6.0—7.5 最为适宜。培养料酸碱度过高或过低，菌丝生长势弱，生长速度慢。子实体生长期间适宜 pH 值为 5.2—8.0，最适 pH 值为 6.5—7.0。

二、栽培技术

毛木耳对基质的营养要求不高，可利用各种富含木质纤维素的农副产品下脚料进行袋料栽培。毛木耳温度范围广，抗病虫害能力强，栽培管理粗放，适于个体或林下传统栽培。栽培模式可参考香菇和黑木耳的栽培方式，进行长袋和短袋的袋式栽培，工艺简便，管理粗放，产量较高。

（一）栽培季节和栽培技术要点

1. 栽培季节安排

毛木耳属中温偏高型菌类。根据其生物学特性，结合塑料大棚特点，从栽培效益考虑，常选择秋栽或春栽，适宜西南地区棚栽，各地应根据当地气温和栽培期长短综合考虑。毛木耳较耐高温，抗霉能力强，即使局部污染，依然能局部出耳，适于在农村推广。春栽于 2 月上旬制袋发菌，3 月底摆袋出耳；秋栽应避开高温，于 8 月中旬制袋发菌，9 月底摆袋出耳，即“冬养菌，春出耳；夏养菌，秋出耳”。露地栽培较塑料大棚栽培提前 15 天左右，且不受雨季影响。

2. 栽培技术要点

常规栽培方法为拌料、装袋、灭菌、冷却、接种、菌丝培养、后熟、上架及开袋出耳等。菌丝满袋并生理后熟可进行出菇管理，采用 0.8%—1% 的澄清石灰水进行 1—2 次清洗菌袋表面。出耳棚应外遮，选用绿色或黑色 11—14 针遮阳网，棚内光照强度为 150—800lx。

原基分化至开片时，每天早中晚通风约 2 小时，相对湿度为 85%—90%，切勿向原基大水漫灌或冲刷，每次浇水后要通风 0.5 小时以上。耳片开片到成熟时，每天早中晚通风约 4 小时，相对湿度为 90%—95%，采用干湿交替，若背面泛白时，则需浇水，若背面呈褐色时，耳片水分充足，则不需浇水。耳片边缘外卷且即将弹射孢子时，方可采收，采收前 1—2 天应停止喷水，采收时应注意抓住子实体基部，垂直用力掰下即可。

（二）栽培技术

栽培工艺流程：配料、拌料、装袋→灭菌、冷却→接种→发菌培养→后熟培养→开孔出耳→诱导耳芽→出耳管理→采收晾晒→包装。

（三）母种制备

采用 PDA 斜面培养 7 天左右菌丝长满即可。也可以采用 PDA 平板（直径 6 厘米），转板后约 5 天左右长满平板，即可使用。

（四）原种制备

原种为二级种，通常采用液体菌种或固体菌种，液体菌种的培养基配方如下。

液体种

配方一：马铃薯（去皮）200克，葡萄糖20克，1000毫升水（此为基础培养基PDB）。

配方二：麸皮10%，葡萄糖3%，$MgSO_4$0.02%，$KH_2PO_4$0.1%，pH值5.0—7.0。麸皮煮沸30分钟过滤取汁，121℃灭菌30分钟。接种后，25℃静置培养2天，26℃—29℃、棉籽壳10%，米糠20%，玉米芯30%，玉米粉2%，木屑33%，石灰4%，石膏1%，含水量65%，pH值为7.5—10.0。

固体二级种

配方一：木屑78%，麸皮20%，白糖1%，碳酸钙1%，含水量60%。

配方二：麦粒90%，木屑8%，轻质碳酸钙2%。使用750毫升玻璃瓶，121℃—123℃高压蒸汽灭菌2小时，于25℃下避光培养，25天左右菌丝满袋，后熟7—10天即可使用。

（五）栽培料制备

适用于毛木耳栽培的原料较多，杂木屑、棉籽壳、甘蔗渣、稻草、玉米芯等都可作为主料栽培毛木耳，各地可根据原料资源情况选择。

配方一：棉籽壳10%，米糠20%，玉米芯30%，玉米粉2%，木屑33%，石灰4%，石膏1%，含水量65%，pH值为7.5—10.0。

配方二：木屑85%，麦麸12%，石膏1%，碳酸钙1%，石灰1%。

配方三：木屑70%，棉籽壳17%，麦麸10%，石膏1%，碳酸钙1%，石灰1%。

配方四：木屑65%，甘蔗渣21%，麦麸11%，石膏1%，碳酸钙 1%，石灰 1%。

配方五：木屑 21%，甘蔗渣 65%，麦麸 11%，石膏 1%，碳酸钙 1%，石灰 1%。

栽培料拌好后用装袋机装袋，选用采用香菇长棒模式或黑木耳短棒模式装袋。选用 0.14mPa，121℃灭菌 2 小时。转入无菌接种室，当料温降至 30℃以下时，无菌环境下进行接种。

栽培需要选择优质的菌种：要求菌种刚刚长满或长满不超过 10 天的菌种，菌丝洁白、密集粗壮、无污染、无积水。

1. 液体菌种接种方法（短袋）：每袋接菌量为 10—15 毫升，均匀覆盖料面。接种后，将菌袋置于 25℃下避光培养。

2. 固体种接种方法（长袋或短袋）：灭菌后的料袋置于无菌室冷却至 26℃，在超净工作台或无菌室中，用刚长满的固体种进行接种，短袋每袋接菌种 30 克，长袋在一侧接种 3—4 个接种点。培养温度 25℃左右，菌丝占满料面前为 26℃，占满料面后为 25℃，避光培养。

（六）发菌管理

长袋模式接种后菌袋按“井”字形摆放，每层 4 袋，堆放在培养室地面或层架上，地面堆放时不要超过 9 层。短袋模式可以装入栽培筐放在栽培架上或插在网格架上。暗培养，保持空气湿度 50%—60%，定期查菌，及时清除污染的菌袋。前期为 25℃—28℃。长袋模式待接种口菌丝长至 5—6 厘米直径时，进行翻堆，捡出污染袋单独放置，第一次翻堆后继续按“井”字形摆放，每层 3 袋，适当降低培养温度为 20℃—25℃，二氧化碳 <4000ppm（人

感觉舒畅）。

（七）菌袋打孔

菌丝全部长满袋后，10—15 天后可进入出耳管理。短袋模式可采用黑木耳专用刺孔机进行周生刺孔，地摆出菇。长袋模式进行划口出菇。菌袋上架之前先将栽培袋用 1% 高锰酸钾溶液浸泡 1 分钟，再用刀片在袋四周按梅花形摆列划出“十”字口 7—8 个。口的大小视耳场干湿度而定，一般纵向长 2 厘米，横向宽 1 厘米。口数的多寡和耳片形状大小、厚薄密切相关。摆放时栽培袋与地面呈 70—80° 倾斜角，人字形摆放，栽培袋间隔 5—8 厘米。

（八）催耳

菌棒在刺孔开口后，开口处菌丝发生损伤，需要静置菌棒，一周内避免直接喷水，可采取用湿润无纺布覆盖，起到保温、保湿的作用，促使菌丝恢复生长，进而形成耳芽，或者采用微喷方式每天喷雾 1—2 次保湿，维持空间湿度 80%—85%。耳床内菌棒的温度控制在 15℃—27℃，以不超过 24℃为宜。

（九）出耳管理

在散射光、温差、高湿的刺激下耳芽很快形成。随着耳芽的形成，维持空间相对湿度在 85%—95%，保持耳片不干燥，干湿交替，不收边为度，喷水时要做到轻喷、勤喷。此时喷水量需要根据耳基形成量来确定。晴天或阴天，早晚各喷水 1 次，一般选用太阳升起前和太阳落山后进行，喷水 20 分钟 / 次，雨天则不喷水。当耳片长到 2.0—3.0 厘米 时，则需加大喷水量，喷水时间调整为 30 分钟 / 次。

一般现耳芽后10—30天即可采收（视气温高低）。采收时整朵拔下。采收后不可直接喷水，进入歇菌期，并诱导下一潮耳芽形成。

（十）采收

正在生长的幼耳，颜色深褐（有的品种颜色较浅），耳片内卷，富有弹性。毛木耳成熟后颜色转淡，边缘内卷，耳根由大变小，耳柄收缩，耳片直立，有弹性，子实体腹面产生白色孢粉，这时应及时采收并干制。

（十一）晾晒

采用专门的防雨纱网晾晒，采收的毛木耳要及时晾晒干，防止褐变。晾晒厚度2—3厘米，每2小时翻动一次，防治耳片粘连，下雨时及时覆盖塑料布。无雨时让其四面通风，自然干燥，含水量要低于14%。

（十二）包装

产品外包装选用双层聚丙烯塑料袋，应符合GB/T6543-2008的规定。

（十三）贮存

贮存场所应满足通风、干燥、清洁、防雨、防鼠、防虫、避光等要求，严禁同有腐蚀性、有异味、有毒、有害、易污染的物品存放。

（十四）运输

运输时，应采用专用交通工具，尽量避免雨淋日晒、防止挤压和碰撞，禁止同有毒、有害、有异味物质混运。

第四节 香菇栽培技术

香菇又名香菌、香蕈、香信、冬菇、花菇，起源于我国，是世界第二大菇，也是我国久负盛名的药食两用真菌。香菇肉质鲜美，营养丰富，并具有抗肿瘤、提高免疫力等功能。

香菇

一、生物学特性

（一）形态及分类地位

1. 分类地位及分布

香菇属担子菌纲（*Basidaiomycetes*）伞菌目（*Agaricales*）口蘑科（*Tricholomatacete*）香菇属（*Lentinus*），学名 *Lentinus edodes*，起源于我国，是世界第二大菇，也是我国久负盛名的珍贵食用菌。香菇自然分布于亚洲的中国、日本、韩国、朝鲜、越南、缅甸、泰国、菲律宾、马来西亚、印度、尼泊尔、俄罗斯等地。主产于亚洲的东北部，包括中国、日本、韩国，现在人工种植已经扩展到美国、加拿大、澳大利亚、巴西、法国等欧洲一些国家。我国的香菇主要分布于云南、贵州、两广、安徽、江浙一带、江西、湖南、福建、台湾、四川等地，全国均有栽培。

2. 形态特征

子实体单生、群生或丛生。菌盖直径为 5—12 厘米，最大可达 20 厘米，幼时半球形，后逐渐呈扁平至稍扁平，边缘内卷，有白色或黄白色的绒毛，随着生长而消失。菌肉色白，厚或稍厚，具香味。老熟后盖缘反卷，开裂。菌褶白色，弯生，不等长。菌柄常偏生，白色，弯曲粗 0.5—1.5 厘米，长 3—8 厘米，菌环以下含有纤毛状鳞片，内部实心。菌环易消失，颜色白色。孢子光滑，无色，椭圆形至卵圆形，采用孢子生殖。

二、生物学特性

（一）营养

营养是保障香菇整个生命过程的能源，也是产生子实体的物质基础。香菇为木腐菌，需要营养成分为碳水化合物和含氮化合物，同时也需要少量的无机盐、维生素，香菇生长发育过程需要的营养，主要通过分解吸收菇木或培养料中的养分来获得。

（二）温度

对不同的生长发育阶段的香菇，所需要的温度不同，最适宜温度为 22℃—26℃之间。

（三）湿度与水分

菌丝在生长的培养基中的含水量以 50%—55% 为适。当湿度低于 20% 时菌丝停止生长甚至死亡，出菇期间培养基含水量不宜低于 30%，当低于 30% 时子实体生长缓慢或停止发育，子实体全发育期相对湿度以 55%—70% 为最好，易形成花菇，在较干燥的环境中子实体小，但质量好，比重大，干品产量高。

（四）空气

香菇属于需氧好气性真菌。若空气不流通，氧气不足，二氧化碳积聚过多就会造成菌丝生长被抑制或子实体生长受影响。空气中二氧化碳的含量为 2% 时，正常生长，若二氧化碳高于 4% 时，菇生长异常。

（五）光照

菌丝在黑暗的条件下虽能较好地生长，但不能形成很好的子实体。如光线不足，则出菇少，柄长，朵小，色淡，质差。若光线过度强烈，对香菇生长发育也是不利的，它会抑制甚至晒死菌丝和子实体。

（六）酸碱度

菌丝生长环境偏酸性，以 pH5.0—6.0 较为适宜，pH 为 3.0—7.0 之间均能正常生长。

三、常规栽培技术

香菇常用袋料栽培和椴木栽培两种。袋料栽培投入比低，仅为1：2，但生产周期短，效率高，且可以利用各种农业废弃物，能够广泛发展。椴木栽培产的香菇质高，商品性优，产出比高达1：10，但需要木材量大，仅适于林区发展。

（一）椴木栽培方法

香菇生长发育的基质为栽培料，栽培料的好坏直接影响到香菇质量及产量的高低。配制配方如下：

①麸皮 20%、木屑 78%、糖 0.5%、石膏 1.5%。含水量为 58%—62%。

②麸皮 18%、玉米面 2%、石膏 1%、木屑 78%、糖 0.5%、过磷酸钙 0.5%。含水量为 58%—62%。

③麸皮 19.5%、木屑 78%、硫酸镁 0.2%、石膏 1.3%、过磷酸钙 0.5%、红糖 0.5%。含水量为 58%—62%。

以上 3 种配方注意事项：先混石膏和麸皮，再混木屑后，再把糖溶于水中，均匀洒在料上。

④木屑 33%、棉籽皮 50%、麸皮 15%、过磷酸钙 0.5%、石膏 1%、糖 0.5%。含水量为 60% 。

⑤木屑 32%、豆秸 46%、麸皮 20%、食糖 0.5%、石膏 1.5%。含水量 60% 左右。

⑥玉米芯 20%、木屑 36%、石膏 1%、棉籽皮 26%、麸皮 15%、糖 0.5%、过磷酸钙 1.5%。含水量 60% 左右。

以上3种配方注意事项：称取各种成分，先将玉米芯、棉籽皮、豆秸等按料水比1∶1.4，拌匀；再把石膏、麸皮、木屑及过磷酸钙干混均匀，再与棉籽皮、豆秸或玉米芯混拌均匀；均匀喷洒糖水翻拌。

（二）香菇袋栽技术

1. 塑料筒规格

香菇袋栽多采用两头开口的塑料筒，当选用聚丙烯塑料筒时，壁厚 0.004—0.005 厘米；当选用低压聚乙烯塑料筒时，厚度为 0.005—0.006 厘米的。生产上采用的塑料筒规格也是多种多样，南方用筒长 55—57 厘米、幅宽 15 厘米的塑料筒，北方多用筒长 35 厘米或 57 厘米、幅宽 17 厘米的塑料筒。

2. 装袋灭菌

扎口方法有两种，一是用侧面打穴接种，先用尼龙绳把塑料筒的一端扎两圈，再将筒口折过来扎紧，可防止筒口漏气；二是采用 17 厘米 ×35 厘米短塑料筒装料，两头开口并接种，装袋前要检查是否漏气。

3. 香菇料袋的接种

具体做法是先将接种室进行全方位消毒，再将出锅的料袋运至接种室内一层一层、一行一行地垒排起，每一层喷洒一次 0.2% 多霉灵；排好后再准备接种用的菌种、胶纸、打孔圆锥形木棒（直径 1.5—2 厘米）、75% 的酒精棉球、棉纱等工具。关好门窗，打开氧原子消毒器，消毒 40 分钟；关机 15 分钟后开门。接种按无菌操作流程进行。

4. 菌袋的培养

接种完毕，将菌袋运至阴棚里发菌。发菌地点要干净、整洁、无污染。远离养殖场地、垃圾场等杂菌滋生地，保持通风、干燥等。

5. 转色的管理

香菇菌袋表面白色菌丝在一定条件下，逐渐变成棕褐色的一层菌膜，即菌丝生长发育进入生理成熟期，叫作菌丝转色。转色的深浅、菌膜的薄厚是影响到香菇原基的发生和发育的关键，该环节对香菇的产量和质量产生较大的影响，也是香菇出菇管理最重要的环节。

6. 出菇管理

菌柱转色后，代表菌丝体完全成熟，此时营养丰富，在一定条件刺激下，菌丝迅速由营养生长进入生殖生长，发生子实体原基分化和生长发育，从而进入出菇期。

（1）催蕾

香菇为变温结实性的菌类，新鲜的空气、一定的散射光、温差均有利于子实体原基的分化。揭去畦上罩膜，出菇最适温度为10℃—22℃，昼夜温差为5—10℃。若自然温差小，可通过调节通风环节，人为地拉大温差。相对湿度维持在90%左右。满足以上条件时，3—4天菌柱就会长出菇蕾。该阶段要注意防止湿度过低或菌柱缺水，影响子实体原基的发育。当出现以上状况时，通常加大喷水量，且每次喷水后晾至菌柱表面不黏滑并盖塑料膜保湿。同时也要注意防止高温、高湿，造成杂菌污染，菌柱腐烂。降温降湿。

（2）子实体生长发育期的管理

菇蕾分化后，进入生长发育期。不同类型的香菇菌株子实体生长发育的温度不同，香菇菌株子实体生长发育温度8℃—25℃，最适温度为15℃—20℃，恒温条件下子实体生长发育很好。相对湿度控制为85%—90%。随着子实体不断生长，呼吸作用强，二氧化碳积累加快，此时应加强通风，保持空气清新，同时要有一定的散射光。

（3）冬播香菇袋栽方法

采用17厘米×35厘米的塑料筒作为栽培袋，同夏播。选用增温、保温的房间为菌袋培养场所，呈“井”字形垒起，每行可垒6—7层，4行为一方，长度不限，方与方之间留有走道。培养时室温控制在25—26℃左右，每3天中午通风一次。当培养到13—15天，菌丝体生长直径达8厘米以上时，翻袋一次、扎微孔。翻袋前喷洒2%来苏水或者用氧原子消毒器进行消毒，同时调换温度高的菌袋使每个菌袋温度差异不大。翻袋时，除去杂菌袋，同时对无杂菌污染的菌袋，在有菌丝体的部位距离菌丝生长前沿2厘米处扎微孔，微孔深1厘米，每个接种穴的菌丝体上扎3—4个。

（三）香菇的干制

1. 晒干

采收前2—3天内停止喷水，以免造成鲜菇含水量大。最佳采收时间为菇体七八成熟，菌膜刚破裂，菌盖边缘向内卷呈铜锣状。选择晴天采收，用不锈钢剪刀剪去柄基，并根据菌盖大小、厚度、含水量分类，菌褶朝上摊放在苇席或竹帘上，置于阳光下晒干。一般要晒3天左右才可以达到足干。

2. 烘干

采收分级后，菌褶朝下摊放在竹筛下，筛的孔眼不小于1厘米。置于烘干机预热到45℃左右，降低机内湿度，然后将摊放鲜菇的竹筛分类置于烘干架上。小的厚菇，含水量少的菇放于架的上层，薄菇、菌盖中等的菇置于架的中层，大且厚的菇或含水量大的菇置于架的下层。机内温度逐渐下降，烘烤的起始温度，较干的香菇为 35℃，较湿的香菇为 30℃。

3. 修整

晒烘干制后修整，将其摊在竹筛上，置于阳光下晒 6—8 小时，降低烘烤成本，保证干菇的质量。

4. 贮藏

贮藏含水量应在 13% 以下，手握菇柄易断，并发出清脆的响声。不宜太干，太干易碎。因干香菇易吸湿回潮，故按等级装袋，密封。也可根据客户要求，按等级、重量分装在塑料袋里，封严袋口，再装硬纸箱，置于室温 15℃左右和相对湿度 50% 以下的干燥、阴凉、遮光处，注意防鼠、防虫，经常检查贮存情况。

第五节　金针菇栽培技术

金针菇也叫冬菇、朴菇、毛柄金钱菌，属于伞菌纲、伞菌目、膨瑚菌科、金钱菌属，属于低温型食用菌。金针菇口感滑嫩味美，营养丰富，尤其富含赖氨酸和精氨酸，有益于儿童脑细胞的发育，因此日本人称其为“增智菇”。金针菇还含有朴菇素，具有抗癌、降血脂、保肝等食疗功能，在国际市场上被誉为“超级保健食品”。金针菇在中国、俄罗斯、日本、北美洲、澳大利亚等地均有分布。

全国大部分地区均适合金针菇的生长。

一、生物学特征

金针菇由菌丝体和子实体组成，菌丝体细长呈分枝状， 担孢子萌发后形成菌丝，绒毛状，有分隔、呈灰白色。子实体丛生（图1所示），菌盖直径1—8厘米，幼小时淡黄色或白色，半球状，后逐渐展开呈扁平状，表面黏滑有光泽，在空气稍干燥及光条件下，菌盖呈深黄色或栗色。

金针菇品种不仅可以人工栽培，还可以从野生菌株中分离和驯化，目前国内品种已达到100多种。金针菇主要的品种类型有早生型与晚生型、有细密型与粗稀型、深色型与浅色型等；常规的栽培品种有三明一号、常山852、金杂19、金针F21、金针92、FV088、SFV-9等。

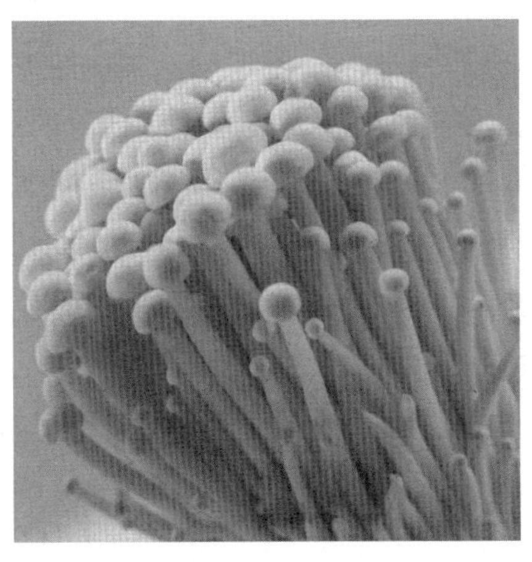

金针菇子实体

二、栽培原料及栽培技术

金针菇为腐生真菌，菌丝只能通过从现成的培养料中吸收营养物质，故对栽培料的选择最为关键。

（一）主料选择及质量

主料以玉米秸（芯）、棉籽壳、麦秸、豆秸为主要原料。棉籽壳应选择自然风干无霉变、无虫蛀；玉米秸（芯）、麦秸、豆秸均要粉碎后才能使用。

（二）辅料选择及生产配方

除培养料外，辅料的选择也非常关键。常用的有麸皮、菜籽饼、玉米粉、石膏、硫酸镁、过磷酸钙、糖、尿素等。

配方一：棉籽皮 85%、玉米面 4%、麸皮 10%、石灰 1%。该配方为常用配方。

配方二：棉籽皮 85%、麸皮 13%、糖 0.5%、石灰 1.5%。该配方为晚秋季节温度低时使用。

配方三：棉籽皮 60%、玉米芯 15%、麸皮 23%、石膏 1%、石灰 1%，另加磷酸二氢钾 0.2%—0.5%。该配方可降低生产成本。

（三）配料

配方中有玉米芯，应粉碎成蚕豆至黄豆粒大小，预湿堆闷 24 小时后再拌入棉籽壳料中。

配制好的料在堆闷 1—2 小时之后要立即装袋。目前栽培金针菇所用塑料袋有两种规格：一是直径 16—17 厘米、长 28 厘米、厚 0.05 毫米的聚丙烯袋，每袋装干料 250—300 克，一端出菇；二是直径16—17厘米、长32厘米，厚0.04厘米的高密度聚乙烯塑料袋，每袋装干料400—500克，两端出菇。装袋时从袋的一头装，边装边压实，力度均匀，袋壁应光滑无空隙，装好后将料面整平，最后用塑料绳将袋口扎紧，注意排空袋内的气体。

（四）灭菌

灭菌时，将塑料袋整齐排列于锅内，袋与袋之间应呈品字形摆放，方便蒸气流通，可达到提高灭菌效果的目的。常压灭菌是采用常压灭菌灶或蒸气锅炉对栽培料袋进行灭菌。生产上使用的耐高压塑料袋与低压塑料袋，均可进行常压灭菌。灭菌时，保证锅内加满水，后将栽培料袋摆放在蒸气室的木箅或铁箅上。每层应留足空间，从而保证灭菌效果。并将锅盖封严，立即点火加热，开锅后，温度达到100℃时计时，继续烧火，维持10小时之后封火再闷数小时，使锅内温度自然下降后开锅，将栽培袋移入无菌室内，当温度下降至室温后开始接种。

（五）接种

接种一般在接种箱或无菌室中进行，多采用接种箱接种。首先将栽培袋、接种工具、菌种瓶、酒精棉球瓶放入接种箱内，用报纸或塑料胶带密封接种箱，点燃杀菌消毒的烟雾剂，熏蒸30分钟。在按接种流程进行消毒处理。一般按1瓶菌种对30袋栽培袋的比例惊醒接种。

（六）发菌期管理

接种后，移入菇棚内发菌。菇棚在使用前先进行消毒。使用前3天进行消毒处理。先将10倍的火碱溶液用喷雾器向室内地面和墙壁进行喷雾消毒，再用甲醛和高锰酸钾混合或点燃硫磺熏蒸消毒，用药后密闭 24 小时，然后打开通气口，通风换气 2 天，最后用生石灰粉撒施。

1. 温度管理

菌丝生长阶段的温度应控制在 20℃左右。出菇管理秋季栽培，要防止出现高温。冬季发菌提高温度，尽量减少通风换气。温室大棚内控制温度可通过人工加温和通风换气来进行。

2. 湿度管理

相对湿度以 60% 为宜。对湿度的要求为湿度宜小不宜大，当空气湿度过大时，应即时打开通风口或揭开塑料薄膜通风换气，从而达到降低室内湿度。

3. 通风管理

要注意通风换气，一般每天通风 1—2 次，每次 30—40 分钟，应注意温度的变化，同时应注意湿度的变化，发菌开始通风量宜小，随着菌丝生长，可逐渐加大通风量。

4. 光线调节

发菌时应保持室内昏暗，若光线强，菌丝尚未长满，若低温刺激，易出现原基，影响产量。

5. 定期检查

菌丝生长期需要定期检查通风、温度、湿度等情况，保证发菌均匀一致，同时也要检查病菌、杂菌，发现污染及时除治。检查时尽量不倒架、翻堆。

（七）出菇管理

1. 催菇

菌丝长满培养料后进行催菇。步骤为：搔菌、降温和增湿。具体方法是：搔菌是用消过毒的镊子或铁刷将接种块去掉。搔菌后子实体整齐排列，温度降到 10℃—12℃，相对湿度保持在 85% 左右，以便促进原基形成，同时在栽培袋口上覆盖一层报纸，每天喷水 2—3 次，一般 3—5 天后，料面出现大量菇蕾。

2. 温度

子实体原基形成后严格控制温度。白色金针菇最好是 10℃—12℃。黄色金针菇最好是 10℃—14℃，控制温度通常是通过通风换气进行。冬季温度很低，可使用增温设备，但注意煤烟等废气不能放进棚室内。

3. 湿度

子实体生长期间湿度应控制在 80%—90% 之间。每天喷雾状水 2—3 次，并保持地面经常有水。切勿喷水于菇体上，引起子实体变色，导致烂菇。

4. 光线

阴暗或光弱条件是提高金针菇商品价值的重要措施之一，如果光线强，会生长出质地老化、菌柄较短的劣质菇。若温室内需升温时，可将出菇袋上盖布帘、报纸等遮光。

5. 通风换气

出菇期要控制菇房通风换气，二氧化碳浓度控制在 0.1%—0.5% 之间，利于菌柄伸长和抑制菌盖开伞。每天通风 1 次，每次 10—

20分钟。傍晚后通风，夜间最好。

（八）采收

要金针菇质量优质，应适时采收。采收过早影响产量；采收过晚品质差。待菌柄充分伸长15厘米，菇盖直径0.8—1.2厘米呈半球时，采收最佳。采收时，一手按住栽培袋口，一手轻轻抓住子实体拔下，剪去菌柄基部所带的培养料部分。

第六节 平菇栽培技术

平菇（*Pleurotus ostreatus*）又名侧耳、糙皮侧耳、凤尾菇、黑牡丹菇、蚝菇等，广泛栽培于世界各地，是我国大宗食用菌品种。据中国食用菌协会调查统计，2019年我国平菇产量为686.47万吨，在我国的栽培量位居第三，仅次于香菇、黑木耳。20世纪70年代，河南省农业厅发明了棉籽壳生料栽培平菇技术，将棉籽壳变废为宝。随着棉籽壳栽培平菇技术的发展推动了河南省乃至全国的食用菌产业快速发展。20世纪80年代，探索并逐渐形成玉米芯发酵料栽培平菇技术，又一次掀起平菇生产热潮。21世纪初开始采用灭菌熟料方式进行平菇生产，逐渐形成了平菇发酵料、灭菌熟料生产方式并存的格局。近年来，平菇瓶式栽培及工厂化袋式栽培技术发展迅猛，助推平菇产业规模快速增长。由于平菇生产发展迅速，产量和品质同步提高，产业规模大，普及广，效益好，近几年在助推脱贫攻坚与乡村振兴中发挥重要作用。

平菇栽培所需原料来源广泛，栽培场地灵活，栽培方式多样，栽培技术简单，生长周期短，生物转化效率高，是食用菌中最易栽培的品种之一。平菇栽培多采用规格 23 厘米 ×45 厘米—25 厘米 ×50 厘米的聚乙（丙）烯袋，菌袋摆放密度 1.5 万—2 万袋 /667 立方米，装料制袋成本约 3.0 元 / 袋，大棚、栽培管理成本约 1.0 元 / 袋，即总成本约 4.0 元 / 袋。按袋产平均 1 千克鲜菇、市场价 5 元 / 千克计算，每袋收入 5 元，扣除生产成本后收益约 1.0 元 / 袋，因此栽培平菇利润约 1.5 万—2 万元 /667 立方米。

一、生物学特性

（一）分类

平菇为大型可食、木腐型腐生真菌。属于真菌门、担子菌纲、伞菌目、侧耳科、侧耳属。色泽可分为深色、浅色及乳白色三种。中广温及广温种。

（二）形态

菌盖呈扇状或贝壳状，常复瓦状丛生。顶部呈偏漏斗状，直径 4—25 厘米，色泽为黑灰色、灰白色、黄色（榆黄蘑）和乳白色等，菌肉白色，成熟后在菌盖下凹处具有棉絮状绒毛，边缘呈波状上翘。室外种植的菌盖质厚、色深，室内种植的菌盖质薄、色淡。菌盖下面有长短不齐的菌褶，沿边缘生长扩展，逐渐分化递增形成褶片，长菌褶由菌盖边缘一直延伸至菌柄上部，形成脉状直纹，而后生的极短，仅在菌盖边缘形成一小段，菌褶宽 0.3—0.5 厘米，白色，质脆易断。菌柄偏生或侧生，粗 1—4 厘米，白色，中实，上部有延生菌褶，基部在近成熟时有白色绒毛。从生菌柄基部连在一起，野外露天栽培的平菇菌柄粗短，接近无柄。菌柄基部连在一起致使菌盖重叠复瓦式生长，室内栽培的菌柄较长，孢子印白色粉末。当栽培室或大棚平菇开始弹射孢子时，菇房、棚内呈现轻烟雾状。孢子在适宜条件下又会萌发成菌丝。

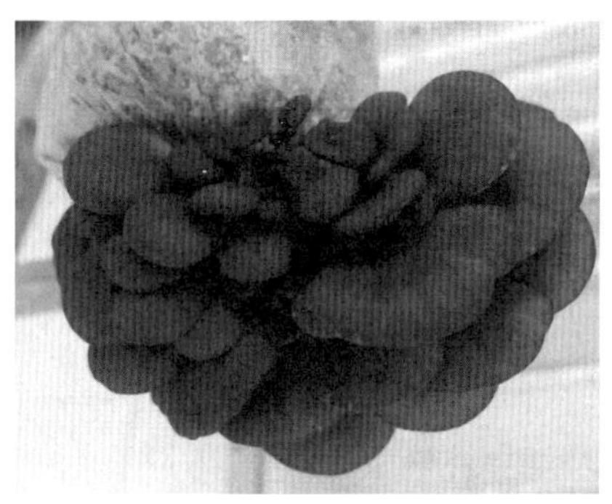

平菇

二、栽培条件要求

（一）营养

平菇属于腐生型，其营养来自枯枝、草或农作物副产品。主要从培养基或栽培料中摄取碳素、氮素、无机盐和维生素等，主要源于玉米秸、椴木、木屑、玉米芯、豆秸、稻草及糠、酒糟、麦麸等。菌丝生长阶段碳：氮为20：1，子实体生长阶段碳：氮为30：1。

（二）温度

平菇是广温型，孢子形成温度在12℃—18℃之间，萌发以24℃—28℃合适。菌丝耐寒力较强，-42℃ 130天均不会死亡。菌丝在5℃—35℃之间均可生长，24℃—28℃最为适宜，生长最旺盛。7℃以下生长缓慢，高于41℃则很快死亡。平菇子实体形成温度在5℃—20℃间，以10℃—18℃下生长迅速、菇体肥厚，10℃以下生长缓慢，超过25℃时子实体不易产生，超过30℃时子实体易过早衰老。有的高温型菌株，在25℃—27℃时仍能正常形成子实体，但产量及品质不及低温、中温型。

（三）水分与湿度

平菇菌丝生长适宜含水率为60%—70%，不得低于55%，不宜高于75%。菌丝生长期间，相对湿度在65%—70%为好。子实体生长前期相对湿度85%为宜，随着菇体的生长，相对湿度的需求量也在不断增大，高达90%—95%，此阶段含水率低于60%，子实体生长受抑；高于95%，子实体易水肿变黄，最后腐烂。若相对湿度长期低于80%，培养料内水分蒸发快、基质易脱水，使子实体生长缓慢。因此，平菇出菇管理期空气相对湿度以85%—95%为宜，培养料含水率以60%—65%为好。

（四）空气

平菇是好氧性真菌。正常空气中氧气含量约21%，二氧化碳含量约0.03%。当二氧化碳含量增加时，菌丝呼吸作用受到影响。二氧化碳浓度高于30%，平菇菌丝生长骤然下降。此阶段要保持室内或棚内通风换气，有足够的氧气以确保平菇子实体的正常生长。

（五）光线

平菇没有叶绿素，不能光合作用，不需要直射光线。平菇需要暗光或弱光线，菌丝体生长期间，无光也可。子实体生长期间光照条件为 40—600lx 之间，以 200—300lx 最好。

（六）酸碱度

平菇适宜微酸性环境。最适宜 pH 为 5.0—5.3。平菇菌丝能耐受较高酸碱度，可在配制栽培料时适当调高 pH 值，就能有效控制杂菌孢子的萌发，防止杂菌侵染。

三、栽培措施

（一）栽培季节

平菇全年均可种植，夏季栽培可 4 月中下旬制料装袋，选用高温型菌种，如夏灰 1 号、夏福 2 号等。早秋栽培，可在处暑以后装袋生产，选用中低温型菌种，如灰美 2 号、高产 8129、德丰 5 号等。

（二）栽培场地

平菇栽培场地的选择，可在室内、大棚或野外露天环境，均要设在背风面、向阳坡、近水源地、地势平坦、排水良好的空闲地，地低易积水，地干易水土流失。通常选择树荫下为宜，这有利于夏秋遮阴，冬春阳光增温。塑料大棚以东西走向较适宜，棚内干净、整洁、地面深翻。播种前 2 天，可用高锰酸钾 7 克或用硫磺 15—20 克进行闷棚气化熏蒸 24—48 小时，并适量喷一次水。用床架栽培时，要先将床架搭好后方可熏蒸。熏蒸完后进料前要先将有害气体排出，方可进人进料，以免发生意外。

（三）栽培技术

目前多采用熟料栽培，采用高压灭菌杀死培养料中杂菌孢子及虫卵，对料袋进行高压灭菌2—3小时，达到彻底灭菌后，经退炉、冷却、消毒、接种、发菌与出菇，直至采收、销售。平菇熟料栽培，菌丝生长旺，出菇快，污染率低，转潮快，品质好。通常用聚乙烯或聚丙烯塑料袋，长约45厘米，宽约20—27厘米，袋厚约0.04厘米，袋两端均开口。此法省工易管，菇房空间利用充分，病虫害少，易成功。适用于室内栽培、塑料大棚及人防工程等场所栽培，是近些年广泛采用的一种实用栽培法。这里介绍塑料袋熟料栽培。

1. 培料配方

（1）棉籽壳90%、食盐0.5%，米糠5%、磷肥1%、石膏1.5%、石灰2%、含水量为60%，pH为8.0—9.0。

（2）杂木屑或稻秸85%、磷肥或复合肥1%、麸皮或米糠或玉米粉7%、花生麸3%、糖1%、石灰2%、石膏或碳酸钙1%，含水量约60%，pH为8.0—9.0。

（3）玉米芯65%、花生麸或菜籽饼3%、棉籽壳20%、磷肥或复合肥1%、麸皮或米糠8%、石膏1%、石灰2%，含水量约60%，pH为8.0—9.0。

（4）甘蔗渣40%、米糠20%、杂木屑35%、石灰3%、磷酸二氢钾0.1%、过磷酸钙1%、食盐1%，含水量约60%，pH为8.0—9.0。堆闷1天。

2. 制袋接种

制作栽培袋，干料装袋1.8—2千克/筒，适当压实，封口，将栽培袋置于 100℃灭菌 10—12 小时。待灭菌锅内温度降至近室温时，将料袋运入接种室备用。

用紫外线照射或福尔马林熏蒸消毒或气雾消毒剂消毒。待料袋冷却后方可接种。瓶装菌种用接种钩或镊子直接从瓶镊出放入料袋内。若是袋装菌种，接种人员最好戴上经过消毒的胶手套，将菌袋打开，直接用手取少量菌种放入料袋。封口动作要快，缩短袋料暴露的时间，减少染菌概率。接种结束，将料袋搬运到培养室进行培养。

3. 菌丝培养

培养场地需要干燥、整洁、空气清新，温度应控制在 27℃以下。菌袋通常采用单排叠堆的方式排放培养，也可采用“井”字形堆放，撒一层石灰，两种方式温度不超过 30℃，尽量保持黑暗。接种 10 天内要经常检查。菌袋除放在地面以外，可充分利用空间，也可搭床架排放。层与层之间的距离通常保持 50 厘米左右，过道以 70 厘米为宜。15 天左右将其上下料筒调堆，检查菌丝情况，20—2 天菌丝长满，形成子实体原基则需 35 天左右，接种到子实体形成的时间与品种的不同和培养环境的温度高低、温差的大小等原因密切相关。

4. 出菇管理

（1）温度控制

平菇为变温性结实菌类，变温刺激有利于其子实体形成。待原基形成后，温度为 15℃—24℃时子实体生长较快，温度过低子实体生长较慢，菌盖肥厚；温度过高，子实体生长快，菌盖薄且脆，纤维多，品质下降。

（2）湿度控制

适宜的相对湿度是平菇子实体形成和正常发育并获得高产的重要条件，相对湿度为 65% 左右最宜。

（3）光照控制

平菇子实体对光敏感，子实体形成必须有光线刺激，在平菇菌丝长满菌袋后，要适当给予散射光，但切记直射。黑暗或弱光线也不利于子实体形成，即便形成，生长也不正常，严重影响产量和品质，通常安装照明灯来增加光照，刺激子实体的形成。

（4）通风换气

菌丝生长期并不需要经常通风，只需要在子实体形成和生长发育阶段加强通风换气，增加含氧量即可。通常打开出菇房窗即可，尽量增加通风量。通风换气既有利于子实体的形成和发育，还可减少杂菌的污染。

（四）采收与采后处理

采收时间要适宜，平菇七成熟即可采摘，即菇体颜色由深变浅，菌盖边缘尚未完全开放，孢子未弹射时为采收最佳时间。若菌盖边缘充分展开，菇体纤维增加，影响品质和口感，且孢子会引起部分人过敏，同时还影响产量。

清场、废料处理：通常采收 5 潮菇后，菌袋内营养已消耗殆尽，充分利用场地，要及时清场。清场后打扫卫生、消毒灭菌。废料也可直接作肥料，或作为其他食用菌的栽培原料。

第七节 茶树菇栽培技术

茶树菇（*Agrocybe aegerita*），又名茶菇、茶薪菇、油茶菇、杨树菇、柳环菌、柳松菇、柳松茸、柱状田头菇等，主要分布在中国、日本、北美等国。在20世纪50年代，法国就有人用长过杨树菇的杨树进行覆土栽培，我国也在20世纪80年代初开始引种驯化与人工栽培杨树菇，通过分离筛选和引进驯化野生种菌株研究，探索出优质、高产、高效的茶树菇，并推广到全国各地应用。近年来栽培技术更趋成熟，发展前景更为广阔。茶树菇属中温型木腐菌类，较抗高温又耐低温。常野生于油茶树、杨树、榆树、柳树、榕树及桦树等众多阔叶类枯死树上。茶树菇盖肥柄脆、味纯清香、鲜美可口、营养丰富，既可鲜销又可制罐头，含有8种人体必需的氨基酸，丰富的B族维生素以及钾、钠、钙、镁、铁等矿物质元素，富含抗癌活性多糖和十多种微量元素，其药用价值极高，对肾虚、尿频、水肿、高血脂、高血压、胃冷、肾炎等有一定疗效，具抗衰老，抗凝血，防癌抗癌等功效，能增强人体抗疲劳能力，是一种药食兼用菌，深受百姓喜爱。

一、生物学特性

（一）分类

茶树菇属真菌门、担子菌纲、伞菌目、粪伞（粪球菌）科、田蘑（田头菇）属。

茶树菇

（二）形态

菌盖起初为半球形，后渐变扁平，中部有隆起，直径为 3—15 厘米，幼时暗红褐色，逐渐变为褐色、淡褐色、灰褐色及土黄褐色，菌盖边缘色稍淡，湿时黏，有浅皱纹；菌褶密，初白色，后变为黄褐色、咖啡色，直生；菌肉中厚边薄，白色，污白色；菌柄长 3—15 厘米，直径 0.4—1.2 厘米，弯曲，近白色，基部污褐色，具纤维状条纹和毛状小鳞片，内实；菌环白色，上位，膜质。

二、栽培条件要求

（一）营养

茶树菇属于木腐菌，营养与其他木腐菌类似，生长与发育主要是碳源和氮源为营养物质，碳源主要是作物秸秆、木屑、玉米芯、棉籽壳等，氮源主要是玉米粉、麸皮、米糠和豆饼粉等。菌丝体生长 PDA 培养基或麦粒种或液体菌种，接种至培养料，菌丝生长旺盛，后期长出子实体（菇）。

（二）温度

菌丝体生长温度在5℃—30℃之间，最适温度为22℃—27℃，温度低于14℃，菌丝生长缓慢，生产时间拖长，菌丝易老化，温度高于28℃，菌丝生长过快，细弱易衰退。原基分化温度在10℃—16℃之间，子实体发育温度在13℃—28℃之间，最适温度为20℃—24℃，低于15℃，不易出菇，高于28℃，子实体薄而色淡，温度超过30℃时，子实体难以发生，品质降低。但菌株不同而温度有所差异，茶树菇属于恒温菌类，出菇阶段不需温差刺激。

（三）水分与湿度

菌丝体在生长阶段含水量在65%—70%之间，子实体生育期间需要充足水分，湿度要保持在90%以上。湿度过低，菇体生长受到抑制，子实体干瘪、影响品质；湿度过高，子实体容易开伞。

（四）空气

茶树菇菌丝属于好氧型，生长和发菌阶段均需要大量通风换气才能健壮发育和生长。子实体发育阶段所需空气量更大，种植场地需经常通风才能有利于子实体生长。

（五）光照

茶树菇菌丝体生长需要避光，不需要光照，光照是在子实体分化发育阶段，需要的是散射光。

（六）酸碱度

茶树菇菌丝体生长pH为4—11之间，此范围内均能生长发育，生长发育最适 pH 为 5—6，呈微酸性。

三、栽培措施

（一）栽培季节

袋料栽培茶树菇，培育菌丝体时间需 50—60 天；出菇期还需要 50—60 天。因此各地安排栽培时间时，既要考虑菌丝体培养期间的最适温度及超限范围，又要兼顾出菇期间的最适温度及超限范围。春季培养菌丝体应在 2 月中旬至 3 月底，培养初期需要加温，出菇时间为 4 月初至 6 月中旬；秋季培养菌丝体应在 8 月上旬至 9 月中旬，出菇在 9 月下旬至 11 月中旬。有设施栽培条件的，可实行周年栽培。

（二）栽培环境

茶树菇采用熟料袋栽方式，一般对场地无特殊要求。可在具通风、调温、保湿的房屋、塑料大棚或温室内栽培。室内及设施栽培需要一定的光线，可满足出菇期子实体对散射光的需求。秋季栽培，菌袋发满后气温自然下降，利用大棚温室出菇较好，可保证环境温度，为了防止光线强，大棚需覆盖遮阳网。

（三）栽培技术

1. 栽培料配方

配方一：棉籽壳 60%，麦麸 12%，锯木屑 20%，石膏粉 2%，豆饼 5%，磷酸二氢钾 0.4%，糖 0.6%，维生素 B 少许。

配方二：玉米粉 4%，棉籽壳 38%，豆饼粉 4%、锯木屑 36%，石膏粉 1%，麦麸 15%，糖 0.5%，硫酸镁 0.1%、磷肥 1%，磷酸二氢钾 0.4%。

配方三：棉籽壳 40%，锯木屑 30%，麦麸 16%，玉米粉 6%，菜（茶）籽饼粉 5%，糖 0.8%，石膏粉 15%，磷酸二氢钾 0.5%，硫酸镁 0.2%。

配方四：玉米粉 6%，玉米芯 60%，麦麸 12%，棉籽壳 10%，木屑 10%，磷酸二氢钾 0.4%，硫酸镁 0.1%，石膏 1%，糖 0.5%。

配方五：玉米芯 40%，麦麸 12%，木屑 36%，豆饼（粕）或棉籽饼 4%，玉米粉 6%，磷酸二氢钾 0.4%，硫酸镁 0.1%，石膏 1%，糖 0.5%。

配方六：玉米粉 6%，玉米芯 44%，麦麸 12%，石膏 1%，磷酸二氢钾 0.4%，硫酸镁 0.1%、木屑 36%，糖 0.5%。

配方七：阔叶树木屑 40%，棉籽皮 40%，麦麸 14%，玉米粉 5%，石膏 1%，含水量 60%。

配方八：棉籽皮 80%，麦麸 14%，玉米粉 5%，石膏 1%，石灰 1%，含水量 60%。

配方九：阔叶树木屑 69%，麦麸 30%，石膏 1%，含水量 60%。

注意应选择新鲜、无霉变、无异味的原料。

2. 制袋接种

常用栽培方法不经发酵，但菌丝生长速度较为缓慢，经研究和实践，目前采用发酵料栽培，既有利于菌丝生长，且降低污染率。按配方水料比为 1.2∶1.3拌料均匀，含水量约为 65%左右。最好选用水泥地面进行建堆，用砖块在堆中心搭一孔，覆盖几根稻草，将培养料堆成高1—1.2米、宽1.5米的料堆，拍平料面，从料顶向中间的砖孔留出空间，防止厌氧发酵，将温度计插在料次顶处，塑料膜盖上，经过3—4天，待料温达60℃后，次日翻堆，含水量控制在65%左右。复堆照前操作，待料温达60℃后，次日即可散堆装袋。

选用低压聚乙烯，规格 15 厘米 ×35 厘米 ×0.005 厘米—17 厘米 ×37 厘米 ×0.005 厘米（如高压灭菌选用聚丙烯），装料 720—750 克 / 袋（合干重 350 克左右），每袋松紧度适宜，下松上紧，高度约 14 厘米，整平表面，中间打直径约 2 厘米的洞，深度约为 2/3。常压 100℃，保持 12—14 小时灭菌，也可根据灭菌锅内的具体装量，适当增减保温时间。茶树菇菌丝抗杂力较弱，灭菌是否彻底是茶树菇栽培成败的关键因素之一。常压灭菌一般升温至 100℃，灭菌 1000 袋需保持 12 小时，灭菌 2000 袋需保持 14 小时，灭菌 3000 袋需保持 16 小时。特别指出的是，应采用框箱式蒸汽灭菌，即把菌袋放在框箱内，一框一框叠在灭菌池内，改过去像叠香菇筒那样堆叠灭菌。

3. 菌丝培养

经灭菌后，趁热将菌袋搬进接种室。待料温降到 30℃以下即可接种。选用菌种要浓白，无病虫害，健壮，且菌龄在 10 天左右为佳，待菌丝长满后再行接种。接种时，首先除去栽培种表层老化菌种，再分菌接种。

4. 出菇管理

（1）总体要求

控制温度和湿度：子实体发育的温度范围为10℃—30℃，其中在18℃—20℃时，子实体发育最好。气温低于8℃时，子实体无法形成。10℃—16℃时，长速慢，菇肉厚，品质优，但产量低。出菇阶段要求空气相对湿度为90%。出菇时，会从基质中吸收大量的水分，因此长菇时期以喷水保湿为主。

调节空气：茶树菇菌丝恢复生长和子实体发育均需要充足的氧气，并呼出二氧化碳。子实体生长发育时，呼吸作用加强，当空气中的二氧化碳浓度过大时，会抑制原基的分化和子实体的生长，尤其是菌盖的分化生长。

调节光照：茶树菇属于好光型菌类，向光性明显。光线刺激后原基能够更好形成。原基分化阶段，需要有一定量散射光才能更好分化，适宜光照强度为500—1000lx，子实体生长最适宜的光照强度是50—300lx。

（2）秋（冬）季出菇

秋冬季气温低，菇棚内要采取增温措施，才能达到出菇温度，采用太阳温室可保证出菇温度，出菇最好。菌袋转色催蕾7—8天菇开始形成。在此应注意通风换气，保持菇棚湿度在85%—90%，采用喷雾调湿、覆盖薄膜保湿的措施即可。

（3）春季出菇

春季自然气温是上升趋势，3—5月底可根据温度、湿度、光照等出菇条件要求管理，方法同上。春季出菇要注意病虫害防治。

（4）转色催蕾

菌袋开口后需要增强光线，充足氧气，此条件下菌丝就会分泌色素使菌袋表面菌丝渐渐褐化转色。伴随着菌丝体褐化过程的延长和菌丝体颜色的加深，袋口表面菌丝会形成一层棕褐色菌皮保护袋内菌丝生长，使原基形成不受光照的抑制，防止水分蒸发，提高抵御能力，加强抗震动能力。没有菌皮，菌袋就会失去调温保湿的作用，就不会有子实体的形成。茶树菇菌袋中的菌丝体，其好的转色层为棕褐色和锈褐色，具有光泽。这种菌袋出菇正常，子实体产量高，质量优良。转色催蕾管理，是茶树菇优质高产的重要环节。

转色催蕾，是一个复杂的生理过程。影响菌袋转色现蕾的因素很多。菌种品系，培养料的碳氮比，菌丝生长状况，菌龄长短，温度，湿度和空气等，都能影响其转色催蕾。

①变温、控湿。开袋 3—5 天，需要保持室内温度在 23℃—24℃，相对湿度在 85%—90%。菌丝到形成菇蕾阶段，需要有短暂低温，变温刺激，迫使菌丝体扭结成子实体原基，促使菌丝体内部积累形成菇蕾。

②通风换气。茶树菇在转色催蕾阶段，呼吸作用比较旺盛，二氧化碳排量增加，就必须加强通风换气，增强通风量，并注意保持菇房（棚）内相应湿度、温度、光等，满足其生长的需要。菌丝从营养生长转入生殖生长，需要提高相对湿度到 85%—90%，早晚喷水保湿，光线控制在 500—1000lx 之间，温度控制在 18℃—25℃

之间，采用昼夜温差刺激，在开袋10—15天左右子实体大量产生。

（四）采收与采后处理

茶树菇需要菌膜未破时及时采收。采收后清理菌袋料面，合拢袋口，菌丝休养生息2—3天，再次拉开，浇一次大水，管理重复。

第三章 珍稀食用菌的栽培技术

第一节 红托竹荪林下仿野生栽培技术

一、栽培季节

自然林地条件下，红托竹荪通常在2—4月或10—11月制菌棒接种或木块生料播种，6—11月出菇采收。

二、栽培工艺流程

（一）生料栽培

备料→原料处理→林地做高畦→木块摆畦面→播种→覆土、盖松针→菌丝培养→菌蛋培养→出荪管理→采收→干制。

（二）熟料袋栽

备料→原料处理、拌料→装料→灭菌→接种→菌丝培养、满袋→林地做高畦→菌包脱袋摆畦面→覆土、盖松针→菌丝培养→菌蛋培养→出荪管理→采收→干制。

（三）培养料制备

1. 生料栽培培养料制备方法

培养料要求新鲜、干燥、不发霉，含营养成分丰富。竹类以苦竹、麻竹、楠竹、斑竹、黄竹等为好，木材以桦木科、杨柳科、桑科、槭树科、壳斗科、胡桃科等新鲜木材。将其木材加工成小段，规格为 5 厘米 ×3 厘米 ×3 厘米—10 厘米 ×4 厘米 ×3 厘米，栽前木块用清水中浸泡 1—2 小时，有水渍状即可（含水量 60%—65%），再沸水蒸煮 30 分钟，捞出沥干，冷却备用。生木材与竹枝叶的混合比例为：木材占 85%—90%，竹枝叶占 10%—15%。用量为 20—30 千克 / 平方米。为有利于竹荪菌种尽快萌发，可将竹枝叶在栽培前用水煮 0.5—1.0 小时后捞出冷却，与木材充分混合备用，用量为 2—5 千克 / 平方米。

2. 熟料袋栽培养料制备方法

木材以桦木科、杨柳科、桑科、槭树科、壳斗科、胡桃科树木为好，培养料要求新鲜、干燥、不发霉，含营养成分丰富。

桦槁树木屑 82%，玉米粉 3%，麸皮 10%，黄豆粉 2%，白糖 0.8%，石膏 1%，过磷酸钙 1%，磷酸二氢钾 0.1%，硫酸镁 0.1%，三十烷醇 1mg/kg。将主料、辅料充分搅拌均匀，含水量调至 60%—65%，用 1% 柠檬酸调 pH 为 6.0—6.5，将配好的培养料装入 15 厘米 ×55 厘米的聚丙烯塑料袋，置于 1.5 千克 / 平方厘米压力下灭菌 2.5 小时，培养基冷却至 30℃以下时接种，移入 24℃—26℃黑暗且通风良好的培养室内培养 70—80 天后至菌丝满袋，备用。

3. 覆土及松针处理

栽培竹荪的土选用结构疏松、孔隙较大、通气性良好、具有一定团粒结构、pH 为 5—5.6 、干不成块、湿不发黏、喷水不板结、缺水不龟裂为宜，以腐质土、泥炭土或耕作层 20 厘米以下的肥沃土壤为主。

（1）覆土处理

起出 5—10 厘米表土，去除石块、杂草根、树枝等杂物，过孔径 1—1.5 厘米筛，粗土去除，细土堆放一起备用，每亩准备 12 立方米细土。经太阳暴晒 3—5 天后用杀虫剂、杀菌剂消毒后将水分调节至 60%—65%（以手捏法测定：即用手捏泥土能成团，在距地面 1 米左右放开，泥团落地散开即可备用。）

（2）松针处理

松针用杀虫剂或杀菌剂浸泡 10 分钟，晾干备用。白糖 60 千克 / 亩。

（四）营养液制备

按每亩 300 升制备营养液，在水池中加水 300 升，氨基酸 0.1%、Vb110ppm、钙镁 0.1%、磷酸二氢钾 0.1%、芸苔素 1ppm 溶液备用。

（五）林地选择及开厢

选择大树树冠覆盖郁闭度 0.7 以上的林地和中幼龄林相整齐的林地，林地土壤宜用孔隙较大、通气性良好、具有一定团粒结构、pH 为 5—5.6、干不成块、湿不发黏、喷水不板结、缺水不龟裂的土壤。

林地栽培畦按 1 米开厢，厢面 40 厘米，深 4—6 厘米，厢距 60 厘米，一个栽培棚起 8 条厢，与棚平行，10 米左右为一段，每段间距 50 厘米。栽培前，厢面均匀撒一层辛硫磷粉剂（或颗粒剂）。同时，每 2000 千克覆土使用 1 千克辛硫磷粉剂（或颗粒剂）和腐殖酸肥 0.5 千克 / 亩拌匀。

（六）栽培方法

1. 林下生料栽培法

在做好的畦面上铺上木块（每平方米用量约 15 千克，等分栽培两层），把菌种掰成厚 1—1.5 厘米大小 3—4 厘米的块，均匀铺在木块上，菌种块间距 1—2 厘米，撒上一层薄土，填满木条和菌种间隙即可，上面能看见少许菌块，淋上制好的营养液保持土壤湿润，再撒上一层白糖，白糖亩用量 60 千克（分 2 次撒，每层一次）。完成后，再在上面铺上一层木条，木条、菌种、覆土、营养液、白糖做法与以上步骤一致，做好后，覆土（一律使用备好的过筛细土），覆土厚度 4—5 厘米，边缘 10 厘米，做成瓦背状。在厢面上撒盖处理过的新鲜松针，厚度 2—3 厘米。

2. 林下熟料菌棒脱袋栽培法

将长满菌丝的菌棒脱袋纵放在栽培畦上，间距 3—5 厘米，每行 2 个，行距 5—8 厘米。淋营养液，覆 2—3 毫米薄土，撒上白糖，亩用白糖 40 千克，覆土 4—5 厘米。在覆土面撒盖处理过的新鲜松针，厚度 2—3 厘米。

熟料菌棒脱袋栽培

3. 出菇管理

（1）水分管理

菌丝和子实体生长不同阶段所需水分不同。种植初期，栽培料内有较好的湿度保证，不需洒水。若表面干燥，可适当喷水保湿，湿度保持在 60%—65% 之间，湿度保持在 60%—70% 之间即可。时间长则需要经常检查水分，根据湿度适当浇水。

木块播种 60—75 天左右开始出现菌蕾，此阶段水分要求高，土壤湿度应保持在 65%—70% 左右，切勿超过 75%。湿度应在 90% 以上。竹荪整个生长发育过程中均需要时常检查，根据栽培料和土壤具体情况灵活掌握。

（2）保温、降温和通风换气

通常控制温度在 18℃—28℃之间，菌丝能正常生长发育，最适温度为 20℃—26℃，且生长最快。夏季温度过高（超过 30℃）就需要根据情况及时进行洒水降温。气温下降应盖好薄膜保温。竹荪是一种好气性真菌，生长发育过程中均需要有充足的氧气，栽培管理中要经常通风换气，时常保持空气清新。

（3）追肥

当子实体达到普遍2厘米大施用营养液补水，每7天一次，每次1分钟，采收期间禁止施用。

（七）病虫害防治

栽培管理应坚持“预防为主，防治结合”的方法进行病虫害综合防治，要做到“勤检查、早发现、巧防治”，将病虫害扼杀在发生初期，及时采取诱杀、铲除有霉斑的覆土等措施，彻底消灭或抑制其病虫害蔓延。

1. 病害防治

竹荪的主要病害有竹荪球腐烂病、黄水病、腐败病；黄水病发病特征为竹蛋形成黄色水珠，故生产上称之为“黄水病”，具体发病原因尚不明确。

腐败病防治措施：栽培场地应通风、换气，经常保持良好的空气质量。发菌前期发现杂菌及出菌后发现发病菌要及时拔出带病子实体，并挖净病株，用生石灰在病区消毒，并及时补播菌种。发菌期可用1∶500—800倍多菌灵溶液喷治，用药量约为20毫升/立方米。发现畦面绿色木霉菌落应迅速铲除，并喷施50%多菌灵可湿性粉剂200倍液。

2. 虫害防治

竹荪常见虫害：白蚁、蛞蝓、跳虫等。

白蚁防治：通常配制灭蚁剂（亚比酸46%、滑石粉32%、水杨酸26%）喷施蚁巢；用呋喃丹或灭蚁灵饵剂诱杀。

蛞蝓防治：运用蜗灭佳、蜗克星、密达等药物防治，或选择傍晚用 5% 来苏水溶液或新鲜石灰粉撒在蛞蝓活动处，每隔 3—4 天撒一次；

用敌百虫 50 克、多聚乙醛 300 克、碎豆饼 400 克、白糖 100 克，加适量水拌成颗粒状置于畦旁诱杀，或在麦麸中加入 2% 砷酸钙和砷酸铜制成诱饵进行毒杀。

线虫病防治：线虫病害发生很难控制，栽培前一定要进行土壤消毒，用克霉灵可湿性粉剂 500—800 倍液闷堆 24 小时；栽培场水分不能过大，在地面经常撒些生石灰以灭虫。

跳虫防治：发菌期可用 800—1000 倍液敌百虫喷杀，或用 600—800 倍液敌百虫加少许蜂蜜诱杀，后期用磷化铝熏蒸杀虫，每平万米用量约 10 克。

（八）采收与加工

竹荪菇体成熟后 48 小时内倒地死亡，其品质品相下降，因此需要在竹荪菌裙完全张开，孢子胶体未淌滴落前及时采收。采收时间一般为上午 8 点到 9 点，若批量较大，中午、下午也有菌裙陆续开放，必须有专人巡回观察，做到成熟一朵，采收一朵，避免造成损失。采收方法是：先用小刀从菌托底部切断菌索，不能用手直接拉扯，切勿碰破压碎菌裙而影响商品质量，注意勿使泥土污染菌柄菌裙，菌盖用清水浸泡一段时间后，方能清洗，将清洗干净的菌盖盖回菌柄菌裙后，用小竹签固定，进行干制加工。

红托竹荪采收期

第二节 冬荪栽培技术

冬荪又称白鬼笔、鬼笔菌、竹下菌、竹菌、无裙荪等，为珍稀药食两用真菌。由于其出菇温度偏低，所以被菇农称为冬荪。冬荪有重要的药用价值，菌柄入药可治疗风湿病症，有活血祛痛、抗癌活性；冬荪在中世纪就用于治疗痛风，并作为激发性欲药食用。冬荪可抑制腐败菌生长，具有开发成天然防腐剂的潜力，冬荪发酵胞外液对大肠杆菌的抑菌效果强于棘托竹荪发酵胞外液，对猪肉、豆腐、面条和米饭四类代表性食物均具有明显防腐效果；冬荪的菌盖、菌托、菌柄提取液均具有抑菌的作用，其中以菌托提取液的效果最好。

冬荪多生长于春秋季节，其子实体群生于竹林下、酸性土壤的杂木林、草地、菜园地等有腐殖质的环境，有时也见于火烧地。主要分布于西南、东北、河北、陕西、新疆、江浙、福建、台湾、广东、西藏等地。冬荪子实体由菌盖、菌柄、菌托等部分组成。菌盖髓部由厚壁菌丝和囊状细胞组成，菌丝束含营养菌丝和粗糙菌丝两种，粗糙菌丝具锁状联合，且有膨大的纺锤状细胞、无色有隔，纺锤状细胞内均含一枚球状体。子实层是由担子、担孢子及幼担子组成，每担子具有 4 个担孢子，杆状，平滑。菌蕾球呈圆形或卵圆形，直径达 5 厘米，白色，也有粉红色或丁香紫色，基部有白色或浅黄色至粉红色的菌丝索。包被成熟时从顶部开裂成数枚成瓣状的裂片形成菌托。菌托白色，高 3.5—5 厘米，宽 3.5—4 厘米。孢托高 5—12 厘米，直径 2—5 厘米，由菌柄及菌盖组成。菌盖覆钟状，高 4—5 厘米，直径 3—3.5 厘米，贴生于菌柄的顶部并与菌柄顶部膨大部分相连，外表面有深网格，有大的分隔。孢体覆盖在菌盖网格的内表面，暗青褐色。菌柄白色，有时呈淡黄色至粉红色，圆柱状，有时向基部变窄细，多细胞状，海绵质，中空，基部有穿孔，常有退化的内菌幕残存于菌柄与菌盖之间以及在菌托的基部被菌托包裹着。担孢子圆柱状，两端钝圆或椭圆形，外孢壁平滑，透明无色。

冬荪的味道鲜美，口感松脆，有着极高的营养价值。冬荪在国内外深受消费者青睐，各地均有销售。冬荪在贵州织金、大方一带有较大面积的人工栽培，目前主要的栽培方法以林下仿野生栽培和大棚栽培为主，林下栽培一般为小窝式栽培法，大棚一般采用畦沟式栽培法。林下可以充分利用枯枝落叶、杂草作为培养料仿野生种植，可减少森林火灾，又可让废弃物产生经济效益，节约土地，是一种很好的林下循环经济模式，但是管理不便；大棚栽培时要做好排水和浇水工作，覆土厚度和松针厚度要适宜，保持通气状况良好。两种栽培方法除沟的长度不同外，其他做法一致。

冬荪

一、栽培季节

冬荪是一种低温型菌类，菌龄长、出菇晚，适宜在温度较低的地区栽培。贵州地区播种时间为当年 10 月至次年 3 月前，要尽量避免霜雪天气，以免菌丝缓慢生长。在 3—5 月为冬荪菌丝生长期，到 6—7 月冬荪原基分化形成菌蕾，8—9 月菌蕾生长，9—12 月长出子实体，为采收期。不同栽培地区根据当地的气候条件进行调整，冬荪种植 9 个月后，即可进行采收。

二、工艺流程

流程包括：场地选择→菌种制备→选料→整地→栽种→覆盖物

→田间管理→采收→干制。

（一）场地选择

冬荪菌丝体适宜生长在阴凉潮湿的地方，山腰以下，通风良好，典型沙性土壤，有一定坡度，夏季凉爽，避免选用不通风的凹地。空气相对湿度经常保持在 70%—85% 之间，土壤湿润但排水良好。不宜选用白蚁活动频繁的地方。要求土壤深厚，质地疏松。

（二）品种选择

冬荪主要品种有长柄蜂窝型、光滑细嫩型、短柄肉质型、厚孢长角型四种，可根据市场行情及收购商要求进行选择。

（三）菌种制备

1. 菌种分离及母种培养基制作

在野外森林中采摘品质优良的野生冬荪菌蛋，对菌蛋进行子实体、皮分离，再将子实体注入试管培养基中进行培育，培养基配方采用 PDA 综合培养基（马铃薯 200 克，琼脂和葡萄糖各 20 克，硫酸镁 1.2 克，磷酸二氢钾 2.3 克），此时温度要保持在 15℃—23℃，待试管中母种长满试管后，将试管中培养的母种进行一级分离到玻璃瓶中进行培育，当菌丝又一次长满玻璃瓶时进行二级分离，将二级分离的种子分离到塑料袋中进行培育，当菌丝再次布满塑料袋而无杂菌时就制成栽培种，栽培种就可以直接栽种了。菌种质量是栽培成败的关键，必须选用优良菌种，按无菌操作规程进行，严格进行菌种培养技术操作。

2. 原种培养基、栽培种培养基制作

原种培养基以小麦粒质量为 100%，碳酸钙 2.5%，葡萄糖

0.5%，另加三十烷醇 1 毫克 / 千克，用 1% 柠檬酸调 pH 为 5.0，含水量 60%。

栽培种培养基配方：木屑（阔叶树、竹枝条）78%，白糖 1%，石膏 1%，麦麸 19.8%，磷酸二氢钾 0.1%，硫酸镁 0.1%，另加三十烷醇 1 毫克 / 千克，用 1% 柠檬酸调 pH 为 5.0，含水量 65%。

将配好的培养料进行装瓶，置于 1.5 千克 / 平方米压力下灭菌 2.5 小时，培养基冷却至 25℃时接种，置于 23℃通风黑暗的培养室内培养 50—60 天后使用。

（四）栽培材料

栽培材料主要为木材、树枝，以青冈、毛栗为优选，木材用量一般为 40—45 千克 / 平方米。辅助材料可采用林中常见的箭竹枝、竹叶等。覆盖物一般以松针、阔树叶或蕨草为宜。冬荪菌种用量为 1.5—2.5 千克 / 平方米，栽种前先将直径 2—5 厘米大小的菌材切割成 4—6 厘米大小的块。

（五）整地

选择良好土地，在表面覆盖枯枝烂叶，并将表层腐殖层刮去，按照垄高 5 厘米，坑深 15—20 厘米、宽 30—50 厘米的条件挖坑，大棚栽培时长度自行调整，林下小窝长度为 1 米。要求坑底平整，底层留 3—4 厘米的疏松土壤。每窝之间需留约 30 厘米的间隙。

（六）铺放木材

将木材铺平底层并压实，以不见土壤为宜，厚约 6—9 厘米，铺材要均匀。

（七）摆放菌种

将准备好的大小均匀的菌种在木材上铺好，距离为 4—6 厘米，每垄摆放 4—5 行（林下行数一样）。摆好菌种后再铺上一层小竹枝竹叶，用量以盖住底材为准。接着再铺上一层厚木料，完全盖住菌种和竹叶，再撒上少许白糖，白糖用量为 0.15 千克 / 平方米。

（八）覆土与覆盖物

放好菌种后盖上疏松、无明显杂菌的土壤，覆土约 5—8 厘米为宜，再覆松针或枯蕨草约 2 厘米厚，保温遮阳。

三、采收及加工技术

（一）采收

冬荪于每年 10—11 月采收，因其质脆、易断，故选择晴天采收。根据不同品种的特征，冬荪的采摘方式也不同。大杆冬荪需将菌托一起移出搬开，取出菌柄与菌盖，其他品种直接轻旋菌柄即可。

（二）清洗

根据栽培品种性质选择合适清洗方法，容易清洗可直接用水枪冲洗，难以洗净可用冷水浸泡过夜，再清洗，切不可用温水浸泡。

（三）烘干

子实体采收后应及时烘干，采用热风烘干或者电热烘箱烘干。先 70℃杀青 1 小时，降温至 35℃后持续烘干，过程中注意排湿，避免高温高湿条件下影响品质。干品以菌柄粗壮，托大，色白，菌柄与菌盖完整为最佳。

（四）装袋贮藏

烘干回潮10—20分钟即可装袋。装袋后置于干燥、阴凉冷库贮存，湿度低于30%，避免吸湿回潮。

第三节 羊肚菌栽培技术

一、生物学特性

羊肚菌｛拉丁名：*Morchella esculenta*（L.）Pers.｝又称羊肚菜，属于子囊菌门（*Ascomycota*）盘菌纲（*Discomycetes*）盘菌目（*Pezizales*）羊肚菌科（*Morchellaceae*）羊肚菌属（*Morchella*），是珍贵稀有食用菌。因菌盖部分凹凸成蜂窝状，外形酷似翻开的羊肚而得名。

羊肚菌喜阴，属于低温高湿性真菌，生长在阴暗潮湿的土壤环境，春夏出菇，产量与降雨量有直接关系。是珍稀食药用真菌，香味独特，营养丰富，食效显著。富含多种比需氨基酸，具补肾、补脑、提神等功效，其抗癌作用明显，对肌瘤细胞有强烈抑制作用。主要分布于我国西南、西北等地。羊肚菌营养成分丰富、药用价值高，还具有独特的保健作用，具有较广阔的市场前景。

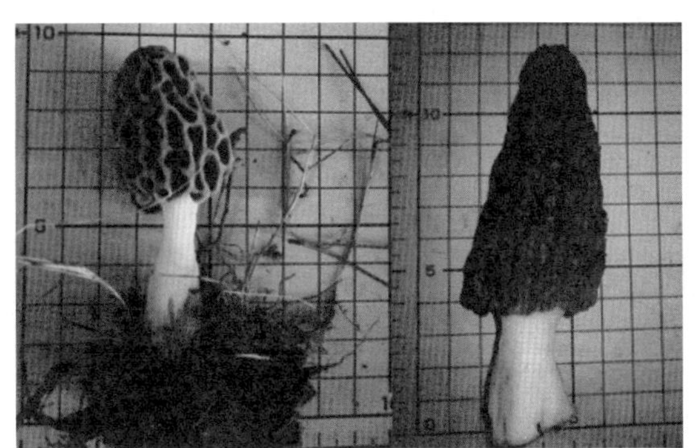

野生（左）与栽培（右）的羊肚菌子实体特征

（一）形态多样性

羊肚菌形态可塑性明显，温湿度、光照等微小波动均对其不同发育阶段的形态产生影响，使其呈现高度的形态多样性。迄今确立的羊肚菌系统发育学种有 69 个，属于三大分支：黑色羊肚菌类群、黄色羊肚菌食用菌产业发展实用指南类群和变红羊肚菌类群。

当前，成功驯化的品种有 9 个，分别为尖顶羊肚菌（*M. conica*）、黑脉羊肚菌（*M. angusticeps*）、梯棱羊肚菌（*M. importuna*）、六妹羊肚菌（*M. sextelata*）、七妹羊肚菌（*M. septimelata*）、粗柄羊肚菌（*M. cassipes*）、羊肚菌（*M. esculenta*）和小羊肚菌（*M. deliciosa*）、变红羊肚菌（*M. rufobrunnea*）。

（二）生活史

羊肚菌属子囊菌，其生活史周期相对复杂且有一定的代表性。具体如下：

子囊孢子→初生菌丝（未发生质配）→菌核（不利条件刺激作用）→菌核萌发→子实体菌丝生长→子实体（子囊果）。

（三）生物学条件

野生羊肚菌在全球都有分布，羊肚菌生态型还存在一定争议，其中大部分物种属于腐生菌，一般土壤类型没有明显选择性，在森林土壤、耕地土壤、河漫滩、沙地、沙漠边缘上都会出菇。部分物种可能与植物形成外生菌根的共生关系。

1. 温度

该菌属中低温出菇型子囊真菌，多见于3—4月的雨后发生。菌丝生长适宜温度为10℃—21℃，子实体形成与发育适宜温度为12℃—24℃。

2. 湿度

空气相对湿度一般在75%—90%。

3. 土壤

一般地势平坦，土质疏松、排水方便为宜，可在多种土壤类型上生长。选择壤土、沙质混合土，土壤pH值宜为6.5—7.5；土壤水分条件较好，羊肚菌生长阶段应保持土壤湿润。

4. 空气

羊肚菌属好气型菌；野生多生于丘陵地带或沟渠边缘，通风极好，氧气充足等均是羊肚菌生长发育必不可少的重要条件。

5. 光照

菌丝体生长阶段不需要光照，在子囊果原基分化时进行散射光（光强约600—1000lx）刺激才能正常分化。但需注意光过强会抑制菌丝生长。

二、栽培技术

目前，羊肚菌商业化栽培，工艺较简单，易于操作与推广应用，我国的羊肚菌种植面积与产量呈现逐渐扩大的趋势。

羊肚菌栽培一般工艺流程的关键环节及注意要点：选地（土质、排水）→整地（畦面大小）→原材料准备（主料与辅料）→菌种制备（原种、母种、栽培种）→播种（气候、覆土）→外源营养袋（菌霜、密度）→出菇管理（温度、水分、光照）→病虫害防控（虫害、病害）→采收→保鲜与加工。

（一）栽培季节

不同地区种植羊肚菌，则需要依据当地气候开展播种和采收。平原、丘陵冬季相对温暖，可在10月至12月中旬完成播种，经过规范管理，次年2月至3月下旬进行采收。若气温偏高，出菇则会提前。高原冬季寒冷，可适当提前播种。

（二）菌种选择

衡量菌种质量好坏的重要指标是菌种活力，最佳菌龄进行逐级扩繁、播种是稳产高产的基础。羊肚菌栽培采用的是三级菌种制备，为母种、原种、栽培种，其中母种最佳菌龄7—11天，原种最佳菌龄15—20天，栽培种最佳菌龄18—20天。

（三）栽培地的选择和设施的搭建

菌丝体和子实体生长要求“控温、保湿、弱光、通风”，栽培设施简易、成本低，需要进行轮作的区域通常采用简易遮阴棚栽培。根据其高矮、大小分为中棚（平棚）和矮棚（拱棚）。

中棚（平棚）要求地势平坦，骨干为竹竿离地高度1.7—2.0米，间距3—5米，高度要一致，横纵成直线。用托膜线把竹竿连接成一个整体，在最外侧用地桩固定，遮阳网控制遮光率，约75%或90%。

矮棚（拱棚）用竹竿、钢管或钢筋。将3米长的钢管或钢筋弯成顶部、两侧各长1米的门形钢管或钢筋，每隔2米插一个骨架，并用托膜线把门形骨架连接，再铺整、拉展遮阳网，并固定。

（四）土壤条件

羊肚菌属于好氧性真菌，土壤疏松为宜。栽培前需用旋耕机将场地翻耕、去除杂草，经太阳光充分暴晒土壤后，还可均匀散一些生石灰，有利于土壤杀菌消毒。

羊肚菌适合高畦栽培，畦面规格为宽80厘米×15厘米—150厘米×15厘米，道宽30厘米。

（五）播种管理

大田播种方式一般分为沟播和撒播。

1. 沟播。畦面开沟，沟宽15—20厘米，根据畦面宽度沟间距约20—30厘米菌种均匀播在沟内，覆土5厘米。

2. 散播。均匀播种在畦面，之后覆土2—4厘米。

播种用量依据不同羊肚菌菌种的具体要求。

（六）水分管理

羊肚菌从播种到采收的田间管理围绕水分开展，特别是子实体原基形成后，羊肚菌对温度、湿度和通风等环境的反应变得较为敏感。

1. 播种前后水分管理。播种前栽培畦土层高 15—20 厘米，要喷水保湿。播种 3 天可看到菌丝，浇透“种水”，深为 30 厘米 以上。土壤作为基质，“种水”是为满足菌丝体发菌期的水分需求。

2. 越冬发菌期水分管理。播种后，菌丝体在土层中发菌，时值冬季，土壤水分蒸发量低，根据天气变化，土壤见干便喷水保湿，土壤耕层 20—30 厘米。

3. 出菇期水分管理。春季温度回升，土壤水分蒸发量逐渐增大，则进入频繁补水期，控制温湿度促使羊肚菌向生殖生长转化，土壤耕层 20—30 厘米保持湿润状态，此期间要避免水分过多，注意通风，避免病虫危害。

4. 采收期水分管理。采收前 2—3 天适当控水，避免菌柄被水浸，影响商品性状。

（七）外源营养袋管理

外源营养袋是促进羊肚菌由营养生长转向生殖、生长的专用基质袋。外源营养袋成分为小麦粒、谷壳（一般按重量比为 9 ∶ 1）和生石灰（1%—1.5%）。外源营养袋的生产工艺流程一般为：泡料→拌料→装袋→打包→灭菌。

在播种后 25—35 天摆放，一般可选取尺寸为 14 厘米 ×28 厘米的栽培袋装基质 0.4—0.5 千克，每平方米摆放 4—6 袋，摆放 30—80 天后移除或留存至采收结束。

（八）采收与加工管理

羊肚菌出菇较为集中，由于脆嫩子实体不便贮运，则干销为主，鲜销为辅。最佳的采收期有如下特征：①子囊果大小不变化；②脊与凹坑具有十分清楚的棱廓；③有香味；④肉质肥厚。羊肚菌采收标准为菌盖直径为3.5—6厘米，菌柄长2—4厘米，菌柄基部可见空隙，以利于子实体烘干后保持原有形状。

采摘时，用小刀在菌柄基部侧面斜向地面10°—30°切割，保证干净清洁。

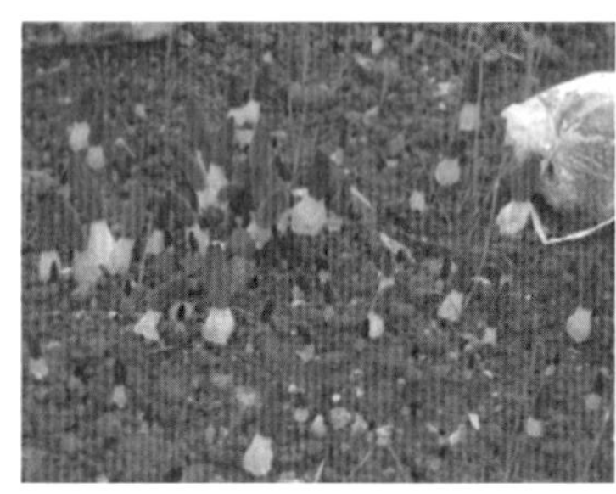

幼菇（左图）与成熟菇（右图）

（九）其他管理

羊肚菌栽培中往往会长出一些杂草，可不用人为除草的，通过控制光照限制植物生长速度即可。

羊肚菌比较开放粗犷的栽培模式以及其特殊的子囊果结构，容易招致多种害虫和环境中微生物的侵袭。羊肚菌栽培过程中常见的虫害（如蜗牛、蛞蝓、跳虫、蚂蚁、蚊蝇、蛾类幼虫、马陆和甲螨等）、细菌性病害（如软腐病和红体病）和真菌性病害（如长孢卵单隔孢霉、镰刀菌和蛛网病）等。播种前场地的预防是重要基础，主要有曝晒、撒石灰、焖棚、水淹等措施。栽培过程中主要通过调控管理好水分、温度、光照和通风，确保羊肚菌健康生长，同时通过诱捕和病原物隔离等方式进行控制病虫害的爆发。

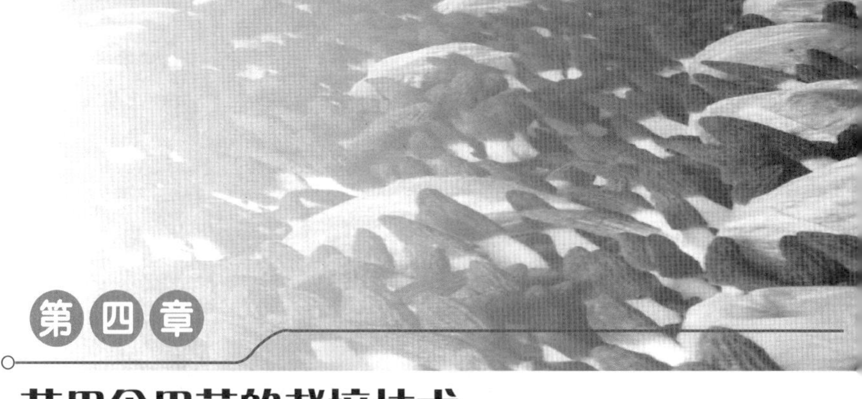

第四章 药用食用菌的栽培技术

第一节 猪苓仿野生栽培技术

猪苓别名野猪粪、地乌桃，猪苓属于多孔菌科多孔菌属，猪苓菌其地下的菌核即为猪苓，是传统的真菌药物之一，以其菌核入药具有利水、渗湿、消肿、抗肿瘤、提高人体免疫力等疗效。猪苓是一种药用和食用的菌，是我国传统的真菌类中药，药用历史悠久，被称为“药材金乌”。在拥有丰富的林地资源时，栽培猪苓能充分利用闲置的林下资源，也能增加山区农民的经济收入，可以成为农民发家致富的一条道路，能成为适宜山区林地长期发展的种植项目。

猪苓生长发育需要密环菌提供养料。猪苓种植地要求以土层深厚，疏松肥沃，富含有机质的砂质黄壤土。土壤含水量小于 30% 为宜，pH 值以 5—6。在地温 8℃时，猪苓开始生长，15℃—20℃时生长最适，25℃—30℃菌丝停止生长，进入短期休眠。秋末冬初，地温度低于 8℃时，进入冬季休眠期。4—6 月和 9—10 月为猪苓菌丝的活跃生长期。

一、培养密环菌材和菌床

（一）母种制作

原料配方：马铃薯200克、麦芽糖20克、葡萄糖20克、琼脂20克、硫酸镁1.5克、磷酸二氢钾3克、维生素$B_1$0.5克、水1000毫升，制作试管斜面培养基，通过无菌操作，培养成密环菌母种。

（二）原种制作

原种培养基配方：玉米粒60%、麸皮19%、木屑20%、石膏粉1%，装瓶、灭菌、接种，于25℃培养即得原种。

（三）栽培种制作

木屑80%、马铃薯汁液20%，将栎类树枝截成6—7厘米长，装袋、灭菌、接原种，培养室温度控制在25℃左右，相对湿度60%—65%，黑暗或弱光条件，保持空气新鲜。培养1个月，当三角瓶内培养基和短枝上长出大量棕红色的蜜环菌后即可使用。

二、猪苓仿野生栽培技术

（一）栽培备料

猪苓种植选择青冈、栎类、桦树、槭树、枫树等多种材质坚硬的阔叶树木段，锯成长60—80厘米，晾晒使含水量达70%左右，然后将其每隔5厘米，按品字形打三行孔，将猪苓菌种塞满孔内。

（二）选地整地

选择海拔高度1000—2000米的半荫坡林地种植，坡度以20—

30度为宜。顺坡挖深40—50厘米，宽70厘米种植窖，荫蔽的地方挖浅窖，阳光常照的地方挖深窖。

（三）种植方法

1. 小猪苓繁殖法

将窖底挖松7—10厘米，放入1/3的腐殖质土，整平，铺一层干树叶，将猪苓菌棒平放在树叶上，间距6—10厘米。棒与棒之间夹放粗2—3厘米细树枝段，将蜜环菌栽培种撒在树叶和细树枝段上，选完整无伤的新鲜小猪苓紧贴在蜜环菌棒旁，填充腐殖土，轻轻压紧，松紧适度，覆盖细土10—15厘米，坑窖上面覆土成弓背形，以利排水和保温。

种植时，选完整无伤的小猪苓，把猪苓核分成小块，每块大小如核桃一般，用手指轻轻压紧，使菌丝断面与菌材紧密结合，每根菌材可压放7—8个，种植完成一根，用腐殖土把四周培好，不留空隙。以此类推，一般只种植一层，最好盖腐殖土20—25厘米，略高出地面。

小猪苓繁殖法

2. 菌核栽埋法

将窖底挖松7—10厘米，放入1/3的腐殖质土，整平，铺一层干树叶，将猪苓菌棒平放在树叶上，间距6—10厘米。棒与棒之间夹放粗2—3厘米细树枝段，用腐殖质土壤和树叶填充菌棒空隙，将蜜环菌栽培种撒在树叶和细树枝段上，菌核种放在蜜环菌棒与新菌柴之间的鱼鳞口处。每窖用种10—15个，重约250克。放好后覆腐殖质土于菌核之上，然后再放一层菌柴和新柴。如此相间隔放，即菌核2层、菌柴3层。坑窖上面覆土成弓背形，以利排水和保温。

3. 栽后管理

猪苓培育不施肥、不除草，让其保持野生状态。保持窖土适当湿润，防止人畜践踏和鼠害。夏秋季节检查窖坑中1—2根菌柴，看蜜环菌是否生长健旺。若干旱需洒水保湿，若渍水要及时开沟排除。夏秋季节要进行一次检查，从窖坑中取出中层1—2根新菌柴，查看蜜环菌菌丝是否生长健旺。

（四）病虫害防治

1. 猪苓病害

对猪苓生长造成影响的主要病害是由杂菌引起的病害，主要是木霉、青霉、曲霉等真菌。

预防方法：栽培前一天，用0.1%高锰酸钾溶液或1∶800的多菌灵悬浊液（水液），将所有材料喷雾一次，以杀死真菌孢子或菌丝体。

2. 虫害

猪苓的害虫主要是白蚁。

白蚁的防治方法：

（1）选冬场时避开蚁源，清除腐烂树根。

（2）在苓场四周设诱蚁坑，埋入松木或蔗渣，诱白蚁入坑，每月查1次，见蚁入坑后，就用“灭白蚁灵”粉剂杀灭白蚁。

（3）加呋喃丹防诱杀在栽培场地分厢栽培时，每隔1尺远挖深约30厘米深的小坑，坑中放入枯松树枝和干松毛，放一块核桃大小的猪苓菌种，在松枝、松毛周围放10克呋喃丹（颗粒），覆土。

（五）采收加工

猪苓为多年生，栽培三四年才是繁殖旺盛时期。商品猪苓色黑质硬（老核），色泽鲜嫩的灰褐色或黄色苓，核体松软，可作种核。

采收时期，以夏秋季采收为好。猪苓以外皮乌黑光泽、体重、坚实、断面洁白或黄色者为佳。采收时去老留幼，注意表面土层中的菌核，将已收获的猪苓菌核去杂刷洗，然后在日光下自然晾晒，干后即可销售。

猪苓

第二节 地茯苓仿野生栽培技术

茯苓（*Wolfiporia cocos*）属于担子菌门、多孔菌目、多孔菌科、沃菲卧孔菌属腐生（兼寄生）真菌，常生于海拔1800米以下的松林，寄生于松科植物赤松或马尾松等树根上，分为云苓、安苓、闽苓、川苓等。是拟层孔菌科真菌茯苓的干燥菌核，常寄生在松树根上，外形球状，表皮淡棕色或黑褐色，内部白色，精制后称为白茯苓或者云苓。

一、选地建场

种植茯苓的林地应避免无白蚁滋生，忌连作。选择坡向南、西南或东南，坡度15°—25°，沙质土壤且前茬未种过庄稼或3年内未栽种茯苓。茯苓种植场应拣净石块、树根、杂草，挖掘深度大于50厘米。种植场翻挖后经暴晒、干燥，然后顺坡挖窖，窖距20厘米左右。接种后根据苓场坡度及山势，在厢场旁挖20厘米左右的排水沟。

二、林地茯苓仿野生栽培技术

（一）栽培种制作

配方1：麦麸18%、松木屑65%、玉米面5%、麦粒10%、石膏1%、糖0.5%、过磷酸钙0.5%。

配方 2：松木屑 65%、豆饼粉 5%、石膏 1%、过磷酸钙 0.5%、糖 0.5%、麦粒 10%、麦麸 18%。

配方 3：麦麸 15%、松木屑 73%、过磷酸钙 0.5%、糖 0.5%、油菜饼 10%、石膏 1%。

配方 4：麦麸 15%、玉米面 10%、松木屑 73%、糖 0.5%、石膏 1%、过磷酸钙 0.5%。

按配方称料、搅拌均匀，用聚丙烯菌袋装袋，规格为 15 厘米 × 30 厘米 ×0.005 厘米，干料 500 克 / 袋，置于 126℃、0.15MP 高压蒸汽灭菌 2 小时，再冷却至 30℃以下，接入茯苓原种置于 25℃避光培养，至菌丝满袋。

（二）栽培方法

1. 备料

一般选用树龄 20 年左右的松树，直径 10—20 厘米的树干及树蔸、粗枝等。备料于冬、夏两季进行。

椴木接种

伐树时应注意砍弯留直、砍密留稀、砍大留小，利用蔸梢和砍栽结合。树伐后，随即剔去较大的树枝。待略干燥后，将树干从蔸至梢纵向削去3厘米左右宽的树枝，然后每间隔3厘米各削去一道，使树干呈六边形或八边形，促其加快干燥，以利茯苓菌丝生长。削皮留筋后的松树运到茯苓栽培场附近，锯成长60厘米左右的椴木，并选择通风向阳处按“井”字形堆码干燥。

2. 接种

冬季备的料，多在6月初前后接种。夏季备的料，多在8月末至9月初接种。用椴木栽种茯苓，每15千克松木料用菌种3—4袋。

（1）椴木接种方法

在林地挖好的窖内先挖松底土，再摆放椴木1—2层，使其留筋部位靠紧，周围用沙土填紧，把菌种掰成拳头大小，接上菌种，使椴木与菌种紧密吻合，最后用沙土填实封窖。

（2）树蔸栽苓接种法

挖出的树蔸，同样进行削皮留筋及码晒。未挖出的树蔸，应选择伐过不久、尚未腐朽、无白蚁栖居者，将地上部分削皮留筋，同时挖开蔸旁土层，砍断根1米以外的侧根，将露出土面的较粗侧根削去部分根皮，进行日晒干燥。选直径20—30厘米树蔸，接种2—3袋/树蔸。直径较粗，侧根较多，质地较硬的树蔸，接种量也相应增加。接种后，温度维持在28℃—30℃，空气相对湿度70%—80%，土壤湿度控制在20%—25%，覆土封蔸，覆盖黑膜遮光培养，四周挖排水沟。

（三）栽后管理

1. 查窖补种

接种 1 周后适时检查，若未传引或引种被杂菌污染，应立即换补。

2. 清沟排渍

接种后经常疏通排水沟，防止水渍及窖面水土流失。

3. 及时覆土

随着菌核逐渐生长膨大，窖面表土常发生龟裂，使水分渗入，导致菌核腐烂。离土表较浅的菌核常长出土面，应经常检查，及时覆土，加以保护。

4. 修筑围栏

在苓场周围修围栏，防止人畜践踏，影响菌核生长。

（四）病虫害防治

1. 病害

茯苓生长期间，木霉、青霉、根霉等易浸染料筒及菌核，造成病害发生。

防治方法：种植前苓场要翻晒多日。料筒及菌种要严格挑选，菌核生长期注意防渍，发现污染及时处理。

2. 虫害

主要有白蚁、螨及茯苓虱，噬害木片菌种及菌核。

防治方法：发现白蚁为害，立即挖除蚁巢，或用亚砒酸、西维因等药物毒杀。螨类使用氯杀螨砜或洗衣粉（烷基苯磺酸钠），茯苓虱使用西维西水剂驱杀。

（五）采收

一般 7—8 月开始起窖。茯苓接种后，经 10—12 个月的生长，材质呈腐朽状，菌核皮色开始变深，表皮裂纹渐渐弥合（俗称封顶），呈淡棕色；苓场不再继续出现新裂纹时，即可选晴天采挖，并注意从中选出优质菌核，做菌种扩大繁殖。

茯苓采收

第三节 灵芝栽培技术

灵芝是一种药用蘑菇，又称瑞草、神芝、仙草、万年蕈等，民间通常根据颜色将其分为赤芝、黑芝、青芝、白芝、黄芝和紫芝。其实，灵芝名专业术语是用外国语言拉丁名命名的，目前世界上灵芝有几百种，仅贵州就报道有 50 多种，例如当今栽培量最大灵芝种叫灵芝和紫芝。野生灵芝一般在夏秋季的雨后，灵芝的营养体逐渐发育成大型的蘑菇，它们的子实体生长于阔叶树的倒木、枯木树桩上，有部分种类长在活木上。因灵芝是药用菌，可用以治疗心血管疾病、抗肿瘤、提高免疫调节、护肝、降血糖等作用，灵芝倍受青睐，市场上可见灵芝产品主要有保健饮料、灵芝药品、灵芝美容品等。

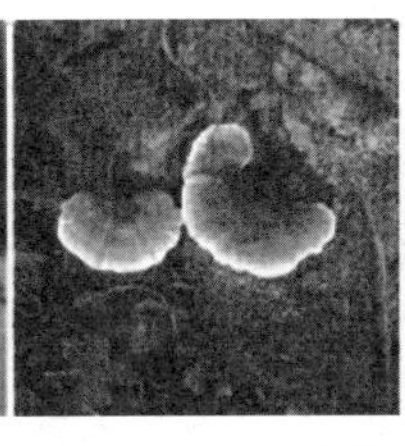
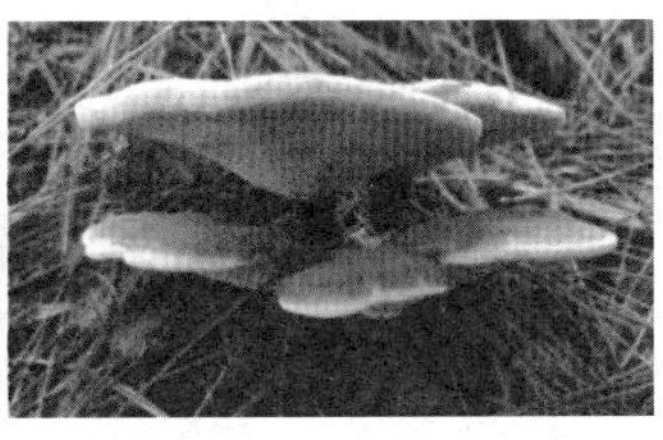

灵芝

一、灵芝栽培技术与管理

灵芝栽培基本流程工艺为：固体栽培种或液体菌种制备→配方拌料→制作装袋→灭菌、冷却→接种培养→后熟培养→覆土栽培→出菇管理→采收存储。

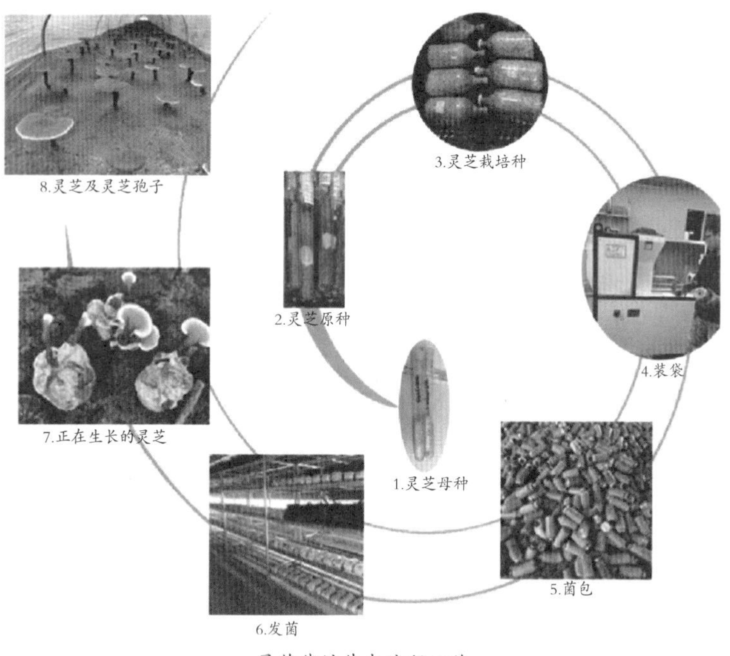

灵芝栽培基本流程工艺

（一）母种制备

通常采用马铃薯、葡萄糖（或白糖）、琼脂培养基。取马铃薯200克去皮洗净切成小块，煮熟、过滤取汁，加水至1000毫升，加入20克琼脂煮沸溶解，再加20克葡萄糖、1.5克硫酸镁、3克磷酸二氢钾、0.05克维生素 B_1，煮熟溶解冷却做培养基。选鲜灵芝在无菌条件下切取小块组织，置入培养基上25℃左右进行培养和保藏。

（二）原种制备

常用培养基配方：

1. 木屑 15%，棉籽壳 60%，玉米芯 15%，麦麸 8%，石膏 1%，石灰 1%，水适量。

2. 麸皮（米糖）9%、棉籽壳 90%，石膏粉 1%。

3. 木屑 49%，玉米芯（粉碎似玉米粒大小）50%，石膏粉 1%。

4. 木屑 59%，甘蔗渣 40%，石膏粉 1%。

5. 麸皮 24.8%，木屑 75%，硫酸铵 0.2%。

培养基配制：按配称取无污染原料，用水发透后，将原料拌匀，含水量以手握料时指缝漏水但不滴水为度，拌料后发酵 3 天，以石灰水调节 pH 值至 5—6。

（三）装料和灭菌

1. 装袋

原种可选用聚乙烯塑料袋为栽培袋，栽培菌袋规格 17 厘米 ×33 厘米 ×0.003 厘米，装袋前，应检查袋有无破损。装料要松紧适度，用手压实、塞棉塞、扎口，用锥形木棒在中央扎通气孔 1 个，直径约 2.5 厘米，塞好棉塞，包扎牛皮纸。

2. 灭菌

若采用常压灭菌，在 100℃下保持 15—20 小时，热焖过夜；若采用高压灭菌，在 0.15mPa 蒸汽压力下保持 2.5 小时。拌料、装袋、灭菌要在同 1 天内完成。

（四）接种和培养

1. 接种

灭菌后，一般待料降到 30℃时即可接种，接种时一定要做到严格消毒和无菌操作，以免污染菌种，提高接种成活率。有条件可在接种箱内用接种器接种；无接种箱可在酒精灯火焰上方接种。接种工作人员必须消毒才能接种。接种方法是在料袋的一侧面上打 4 个直径 1—2 厘米、深 1.5 厘米的孔穴，接入成块的菌种，接种量占干料的 10% 左右，然后用透明胶布封口；短袋栽培打开袋口直接接种。同一批灭菌的菌袋要一次性接完，接种后及时将菌袋移入培养室发菌。

2. 发菌

接种完毕将栽培袋移入培养室培养。温度控制在 24℃—28℃之间，相对湿度 45%—60%，一般自然湿度即可。要求在黑暗环境中培养，经常通风换气。待菌丝生长过肩后可翻堆，将边缘菌袋向内移动，内部菌袋向外移动，以便菌丝长势相对一致。同时剔出被污染菌袋，约 25 天菌丝便可长满袋或瓶。

（五）出芝管理

培养到袋内长满菌丝后，此时，可将菌袋移到出菇棚，出菇架每层堆放两层菌袋。此阶段要保持适宜温湿度、光照和通风量，以保证出菇正常。温度应为 26℃—28℃，相对湿度应在 75%—90% 之间；子实体发育期相对湿度要保持在 85%—95% 之间。光照以散射光或反射光为宜，避免光线直射，影响生长。灵芝生长对二氧化碳十分敏感，此阶段每天进行通风换气是非常必要的。

（六）采收

1. 收取灵芝子实体

当菌盖边缘的白色或乳白色的生长圈消失，菌盖由薄变厚，颜色由浅黄变深棕或红褐色，菌盖变硬时，及时进行采收，烘干。

2. 孢子粉收集

用室内开放式收集孢子粉时，采收和采粉应同时进行，先收集孢子粉，再采收灵芝。

采用套纸筒采收孢子粉时，先移开小拱棚上的薄膜，再将盖在纸筒上的纸板拿开，剪下灵芝，将孢子粉扫入干净的容器中，再将纸筒上的孢子粉刷下，小心提起粉袋即可。

孢子粉和灵芝采收后分开，及时干燥，晒干或烘干均可。干燥后的孢子粉和灵芝用塑料袋密封，放干燥阴凉处。

二、病虫害及防治

（一）病虫防治

在无菌操作不严或高温高湿的培养室久不换气易出现杂菌，如青霉、毛霉及根霉、曲霉等污染。防治方法：培养基彻底灭菌，操作严格，无菌室内用 5% 新洁而灭 1000 倍液喷雾灭菌，适当通风降低相对湿度，轻度感染的可局部清除后再接种，严重者则移出丢弃。

灵芝的害虫主要有膜喙扁蝽、紫跳虫、菌蚊、白蚁、螨虫等。可用然香精油（如薄荷醇、桉油精或天然樟脑），苏云金杆菌（简称 BT），草酸、乳酸和醋酸熏蒸等来降低害虫的危害，此外，栽培灵芝的场所要避开虫卵、病菌孢子的滋生地，多年栽培的土地不可再利用，要更换轮耕。

（二）灵芝种植的最佳时间

椴木栽培法发菌缓慢，可在 12 月初开始制种，待菌种长满后，气温稳定在 20℃以上即可移到菌架或覆土。袋栽灵芝在春节前即可接种，菌丝生长期延长，对灵芝产量均有不同程度增加。

第四节 鹿茸菇栽培技术

鹿茸菇学名荷叶离褶伞，在我国云南又称冷香菌、九月菇。鹿茸菇属于丛生口蘑科、丛生口蘑属，是木腐型珍稀食用菌。广泛分布于北半球的温带地区。其含有低分子多糖类，具有抗肿瘤、降血压、抗糖尿病、降低胆固醇等作用。鹿茸菇的子实体直立，向上分叉成丛生的细枝，肉质，一般高数厘米至 10 余厘米，状如扫帚或珊瑚，又像幼小的鹿角，所以称为鹿茸菇。鹿茸菇中含有丰富的蛋白质、维生素和其他营养成分。

鹿茸菇

一、栽培原料以及配方

（一）主料选择及质量

主料主要采用杉木屑和玉米芯，干重比为 6/4。木屑的种类对鹿茸菇栽培基影响非常大，木屑种类不同，菌丝生长差异会很大。用于栽培香菇、滑子菇的阔叶树木屑栽培鹿茸菇不可取，需要避免使用栎树等单宁含量较高的阔叶树种木屑。树皮木屑由于在各批次间易出现不均匀的现象，因而不适用于工厂化栽培。中国的针叶树木屑比较难获得，可以用杨树木屑取代杉木屑。

（二）辅料选择及质量

辅料：玉米糠、麸皮、增收剂，每瓶添加量湿重比为 15%，即 850 毫升容量的栽培瓶，装瓶量 540—560 克，其中辅料 82 克为宜。

（三）配方

鹿茸菇栽培配方采用全量杉木屑添加 15% 不同营养源（辅料）栽培，含水率调到 66%—69% 之间，培养基净重 420—510 克。辅料同上。

二、灭菌、接种

（一）灭菌

①常压灭菌：当培养基内部温度达到98℃以上时，维持4小时。②高压灭菌：当培养基内部温度达到120℃时，维持60分钟，如果以灭菌锅内温度计算，需要维持90分钟。

（二）冷却

冷却一定要在清洁的冷却室进行，培养基温度要冷却到20℃以下，注意常压灭菌防止温度下降得过低，同时要注意不洁净空气回流到栽培瓶内。

（三）接种

接种工作需要在完全无菌的环境下尽量快速进行，每瓶接种量为25克，一瓶850毫升的菌种瓶可以接32瓶栽培瓶。接种后封瓶，减少菌床表面的间隙（空隙）；10天内防止强风；冷藏菌种一定要在室温下驯化处理后再使用。

三、培养管理

此阶段需要50—60天，菌丝完全发满需要35—50天，之后还要有10天左右的后熟培养。后熟期适当提高湿度到65%—75%，防止培养基干燥失水。鹿茸菇成活较迟、发菌较慢、易污染，且污染率高。培养基被污染对出菇影响很大，若被木霉菌污染，将导致不出芽。防止有害菌进入，初期培养管理很重要，应注意：

（1）接种量多一些，接种后瓶盖要密贴菌种，减少菌床表面的间隙（空隙）；（2）接种 10 天内防止强风；（3）冷藏菌种一定要在室温下驯化处理后再使用；（4）培养室温度 20℃，瓶间温度不超过 23℃，要根据瓶间温度对培养室温度进行调整；（5）相对湿度控制在 60%—70%，注意防止培养基表面出现过干的情况；（6）二氧化碳浓度控制在 2.5‰以下；（7）尽量保持黑暗状态培养。

（一）搔菌

为了达到鹿茸菇出菇整齐的目的，需要进行搔菌操作。搔菌结束进入出菇房后，将加湿机、风扇、温度等调试好。出芽温度为 16℃—18℃，湿度为 95% 以上，菌丝生长前 5 天不可干燥，二氧化碳浓度控制在 3‰以下，光照度为 200—500lx，白天开灯。倒立培养 10—12 天，发芽后将菌床正立。控制湿度在 90% 以上，拉开干湿度差管理。搔菌 25—30 天可以采收。

（二）出菇管理

1. 菌丝恢复、现蕾、出芽阶段管理

此阶段需要 12 天左右。

（1）温度：第 1—4 天设置温度为 16℃—18℃（房内不超过 18℃）；第 5—12 天温度降 0.5℃—1℃。

（2）湿度：第 1—4 天房内湿度要达到饱和。第 5—12 天湿度 95%—100%。

（3）通风：第 1—6 天二氧化碳 2‰以下。第 7—12 天 1‰以下。

（4）光照：第 3—4 天每天光照 6 小时左右，光照强度 500—

800lx；第 5—8 天强光 10000lx；第 9—12 天每天每隔 2 小时用光 2 小时，光照强度 300—500lx。

2. 控制阶段管理

此阶段需要 3 天左右。

（1）温度：第 13—14 天房内温度最好控制在小于 17℃。第 15 天房内温度控制在 17℃—18℃。

（2）湿度：第 13—14 天湿度为 98% 左右；第 15 天湿度达到饱和。

（3）通风：二氧化碳浓度控制在 3‰以下。

（4）光照：第 13—14 天每隔 2 天照光 5 分钟。光照强度 30—150lx。第 15 天不用光。

3. 出菇阶段管理

此阶段需要 5 天左右。

（1）温度：第 16—21 天培养室内温度控制在 17℃。

（2）湿度：达到饱和。

（3）通风：二氧化碳控制在 2.5‰。

（4）光照：第 16—21 天每隔 2 小时用光 5—10 分钟。光照强度 200lx 左右。

（三）采收

在鹿茸菇菌盖圆整，没有开伞的状态下开始采收，从搔菌到采收需要 25—30 天，每瓶可以采收 150—180 克。菌柄中空，采收前需要控制湿度，高湿会出现“水菇”，影响品质。采收前 3 天，尽量不加湿。

第五节 灰树花栽培技术

灰树花俗称“舞菇”，是食药两用蕈菌，野生于栗树周围。子实体肉质，柄短呈珊瑚状分枝，重叠成丛，外观婀娜多姿、层叠似菊；气味清香四溢，沁人心脾；肉质脆嫩爽口，营养价值很高。近年来，灰树花作为一种高级保健食品，风行日本、新加坡等市场。我国较早的权威专著《中国的真菌》的采用，使得灰树花便成为比较通用的汉语名称。

一、生物学特性

（一）形态及分类地位

1. 分类地位及分布

灰树花，别名贝叶多孔菌、栗子蘑、莲花菌、叶状奇果菌、千佛菌、云蕈、舞茸，属于真菌界门（*Eumycota*）层菌纲（*Hymenomycetes*）非褶菌目（*Aphyllophorales*）多孔菌科（*Polyporaceae*）树花属。主要分布在浙江、河北、四川、云南、福建等省。

2. 形态特征

子实体肉质，柄短，呈珊瑚状分枝，末端扇形或匙形菌盖，覆瓦状重叠成簇，大簇丛宽 40—60 厘米，小簇丛宽 10—20 厘米，重 3—4 千克；菌盖直径 2—7 厘米，灰色至浅褐色。表面有细或干后坚硬的毛，老后光滑，有反射性条纹，边缘薄，内卷。菌肉白，厚 2—7 毫米。菌管长 1—4 毫米，延生，孔面白色至淡黄色，管口呈多角形，约 1—3 平方毫米。孢子光滑，无色，卵圆形至椭圆形。菌丝壁薄，分枝，有横隔，无锁状联合。

灰树花是喜光、中温好氧木腐菌，生于栎树、栲树、青冈栎、板栗等树桩或树根上，造成心材白色腐朽，木质部成了灰树花的主要营养源。海拔 800 米以上生长较好。若在不良环境中生长则外形不规则，长块状，凹凸不平，棕褐色，坚硬，断面外表 3—5 毫米呈棕褐色，半木质化，内为白色。

灰树花形态图

（二）栽培生物学特性

1. 营养要求

碳源：葡萄糖最优，（半）纤维素、木质素等大分子糖类均能被分解利用，果糖较差。

氮源：黄豆饼粉、蛋白胨、玉米浆等有机氮利用最好，难以利用硝态氮。

矿质元素：常量元素 K、Ca、Mg、Na、P、S 等，微量元素

Cu、Mn、Fe、En、Mo 等。

生长素类：维生素 B_1 为必要物质，植物激素三十烷醇使用最多。

2. 栽培原料

最好是栗子树木屑、棉籽皮、禾谷类秸秆，也可用玉米芯、葵花籽壳、油菜籽壳、纸浆渣、大豆秸、葵花盘、花生壳等，凡含有纤维素和木质素的有机物均可。

3. 温度

菌丝生长温度在 5℃—37℃之间均可，适宜温度为 21℃—27℃。不能超过 42℃以上。菌丝耐高温能力较强，在 32℃时，也可缓慢生长。变温发育，恒温生长，但不同菌株之间略有差异。原基形成期的温度应该控制在 15℃—25℃之间，最适为 20℃。子实体发育温度应控制在 15℃—27℃范围内，最适为 18℃—22℃。

4. 空气

灰树花是极好氧性菌类，生长需要大量氧气，在培养过程中应加强通风。灰树花子实体对二氧化碳敏感，浓度过高时子实体生长缓慢，甚至不分化。子实体生长阶段，调节好通气与保湿这对矛盾，是灰树花栽培管理的关键。

5. 光照

菌丝生长不需光照，光照 50lx 时有利于原基形成。子实体具有向光，分化发育时需要光照，且强度为 200—500lx，能使子实体颜色变深。散射光对灰树花的原基分化和子实体色泽深浅有很大的影响。

6. 酸碱度

菌丝生长 pH 范围在 3.4—7.5 之间，最适为 5.5—6。子实体生长发育阶段 pH4.0 为宜。

二、常规栽培技术

（一）栽培季节和栽培生理特点

灰树花属于中温型菌类，根据菌丝生长、原基形成及子实体生长条件，安排春、秋两季进行制袋接种。

长江以南：春季需要安排在 3—5 月出菇，秋季安排在 10—11 月出菇。

灰树花子实体形成和生长发育最适温度为 15℃—20℃，但菌丝生长周期较长，需要 50—65 天，所以制袋比最适出菇时间应该提早两个月左右。

灰树花子实体形成和生长最适温度为 15℃—20℃，灰树花菌丝的生长周期较长，一般需 50—65 天，所以制袋时应比最适出菇时间提早两个月左右进行。

（二）产地环境

远离食品酿造工业区、禽畜舍、医院和居民区。环境清洁，周围无垃圾等废弃物，空气中无污染物对流。地势较高、通风良好、雨季不会淹水，四周空旷，空气流畅。水源必须无污染，水质清洁。对环境维护，废弃菌棒、污染菌棒、菇品下脚料等不能随意丢弃在菇棚（房）周围，需及时清理。

（三）栽培技术

栽培工艺流程：培养基配制和菌袋制作→培养基灭菌和菌种接种→发菌→出菇管理。

1. 培养基配制和菌袋制作

（1）培养料配方

配方一：麸皮 20%、栗木屑 70%、石膏 1.5%、糖 0.5%、生土 8%。

配方二：棉籽皮 40%、栗木屑 50%、生土 8%、糖 0.5%、石膏 1.5%。

（2）拌料

选择合适配方，按配方备料、拌料。磷肥、糖和生长素等在温水中溶化后同所需水量顺序放入拌料机中，均匀拌料。人工拌料：干料拌 2 遍，加水之后拌 3—4 遍。原料充分拌匀。含水量在 58%—62%。通常用力握大把原料，竖握指缝刚好渗水为宜。最好用拌料机拌料。

（3）培养基灭菌

①灭菌方式：高压灭菌、常压灭菌。

②菌棒码放：菌袋之间一定要有间隔，最好用筐摆放，保证热蒸汽能在菌袋间流通。

③灭菌时间：高压灭菌为 3—3.5 小时，总时间 7.5 小时左右开弓；常压灭菌：16—24 小时。

④灭菌方式

a. 简易灭菌灶灭菌：每次灭菌量为 800—3000 袋，从点火到灶内100℃的时间需5—8小时，100℃下保持12—16小时，才能达到灭菌效果。停火后再用余火焖1夜，第二天再打开灶门取出灭菌料。

b.简易蒸汽灭菌：安装蒸汽发生炉，就地码放再覆盖塑料布等进行灭菌。灭菌包内覆盖物开始膨胀起来，开始计时，维持16—20小时，因停火后，灭菌物品的温度下降快，因此维持的时间较长。一次灭菌量3000—8000个栽培袋。

⑤常压灭菌注意事项

a.灭菌的工作人员不能离开工作岗位，必须达到有效灭菌时间。

b.开始大火升温，温度升至100℃后开始计时，计时后小火维持，保持灭菌时间内温差不超过5℃。

c.达到灭菌计时温度以后，如遇到特殊情况，耽误了灭菌时间，要按照缺一补二的原则延长灭菌时间。

d.灭菌区域要远离生产原料堆放处和各种污染的肥料堆放的地方。

2.接种与培养

（1）接种

接种环境严格消毒，无菌操作接种（接种箱接种）。接种人员通过技术培训和实践，分工合理，操作熟练。严格选择优良菌种，严格带有杂菌的菌种用于接种。菌袋灭菌后冷却30℃以下应及时接种，放置时间越长污染率越高。接种在相对密封环境下进行，接种人员不能随意出入，防止空气对流。尽量在早上或低温条件下接种，减少杂菌感染。有条件的单位建立净化接种室。

（2）发菌

菌袋培养期间应保持培养室黑暗。温度控制在 23℃—25℃，确保适宜温度下健壮生长。培养期间空气相对湿度在 55%—65%，南方低于 70%。定时通风，保持室内空气新鲜，天气清爽时每天通风 2 次，每次通风 10—30 分钟。培养期间要注意检查，翻垛一般 2—3 次即可。已污染的菌袋，要及时拿到室外深埋或重新灭菌，发菌时间：45—50 天。

3. 出菇管理

（1）按出菇方式

①袋式：将长满原基菌袋运出出菇室，保持温度在 20℃—22℃之间， 空气湿度在 85%—90% 之间，光照 200—500lx，3—5 天后除去环和棉塞，直立于床架上，袋口覆纸，喷水通风，每天 2—3 次，每次 1 小时。约 20—25 天菌孔伸长时采摘。

②仿野生：待菌丝长满袋后脱去塑料袋，将菌棒整齐排列于畦内，留适当间隙，在间隙中填土，表面覆土 1—2 厘米。这生物效率可达 100%—120%。

（2）按栽培模式

①小拱棚小畦栽培模式

温度控制：畦内最适温度 20℃—23℃，当温度超过 30℃时，就要通过加厚遮阴物、上水和通风等措施降温。从原基形成至分化前，不能直接向原基上浇水，更不能用水淹没。菇体生长期间可用水淋湿灰树花和畦周围，保持畦内空气湿度即可，保持畦内空气湿度 85%—95%。待采摘前 1—2 天，采摘蘑菇上禁止淋水，只能在周围洒水，以保证其适宜的含水量，提高商品价值。通风不良影响灰树花分化，轻者形成空心菇，重者形成“小老菇”或“鹿角菇”，严重造成溃烂死亡。结合水分管理进行通风，喷水时，掀起薄膜，通风 0.5—1.0 小时。

②庆元栽培模式

——出菇管理

菌丝长满全棒 10—20 天后，控制环境温度在 18℃—23℃之间为宜，当子实体生长出时，即可进入出菇管理阶段。

——割口出菇管理技术

割口技术：选择菌丝生长浓密的地方，用锋利小刀将筒袋割成“V”字形状，长度在 1.5—2 厘米之间，深约 2—3 毫米，并除去割口处菌皮和培养料，每棒割 1—3 个，割口后将菌棒平放于层架出菇。

割口后管理：保持棚内空气相对湿度 85%—90%、温度 15℃—20℃。割口后的菌棒经 7 天左右的培养，在割口处即可形成原基。相对增加光照强度（200—500lx），促使原基逐步转为灰黑色。原基形成阶段，切不可直接向菌棒洒水，只能采取向地面洒水或向菌棒及空间喷雾状水。

——子实体生长期管理

灰树花原基表面在适宜条件下由白色转为灰色或黑色，其表面会形成蜂窝状，并分泌小水珠。

最适温度为 18℃—23℃，在原基形成与分化阶段要求保持恒温状态；若温度超过 23℃时，加强通风降温。相对湿度控制在 85%—90% 之间。幼菇蕾期通常采取喷水雾、地面喷水、盖膜保湿等措施提高湿度；菌盖分化后喷水 3—5 次 / 天。在适宜条件培养 15—20 天，子实体七八分成熟即可采收。

——菌棒覆土二次出菇管理

割口处理过的菌棒要“井”字形堆放在阴凉、通风场地进行“休息养菌”，选择合适时间进行覆土二次出菇。

出菇场地：选用通风、洁净、保湿性好、凉爽、排水方便的农田或沙性地块。菇棚四周挖 50 厘米排水沟，棚内畦面宽 90—130 厘米，在畦中间挖规格 80 厘米 ×15 厘米—120 厘米 ×15 厘米沟畦排放菌棒。

消毒杀虫子：覆土前 7 天，清理卫生，喷洒菊酯类农药进行杀虫，然后在棚四周和畦沟内撒上石灰，为每 100 平方米用量为 25 千克。

脱袋覆土：选用沙性山表土或田底土，颗粒直径小于 1 厘米，细土要干净。将培养好的菌棒移至出菇棚，去外袋，排放于畦沟内，覆土 2 厘米 左右。

——原基的形成及转色

覆土后及时放下大棚塑料薄膜，保持棚内相对湿度在 85%—90% 之间、控制温度范围在 18℃—25℃。保持畦面湿度。覆土后 15 天左右土表层就能看到幼嫩子实体长出，此阶段增加光照强度，促使原基逐步转色。

（四）采收与采后处理

采收时将两手伸平，插入子实体底下，在其根两边稍用力即可，注意不要弄伤菌根，有的菌根可以长出几次灰树花。过 1—2 天上一次大水，过 20—40 天即可出菇。除掉菇根部的泥土、沙石及杂草等即可出售。鲜灰树花需要贮放在密闭的箱内或筐内，不要堆得过高，以免造成挤压。灰树花贮藏温度以 4℃—10℃为宜，温度过高，鲜菇继续生长，会造成老化。灰树花鲜品运输要力争平稳，将每箱（筐）单层或双层排放，避免挤压、碰撞和颠簸。干制和盐渍是灰树花的主要加工方式。

第五章 稀少食用菌的栽培技术

第一节 马桑菌栽培技术

马桑菌，又名马桑香菇（*Lentinus edodes*），易生长在马桑树枯枝或倒木上的野生香菇，子实体偏小，但口感滑嫩、味道鲜美，是黔西北群众喜爱的野生食用菌之一，马桑菌属于野生香菇的驯化菌株，属担子菌纲伞菌目侧耳科香菇属。马桑菌的栽培方法有椴木栽培和袋料栽培两种。椴木栽培产的菇，商品质量高，投入产出之比也高，可达 1 ∶ 7，但需要大量木材，仅适于在林区发展。袋料栽培投入产出比仅为 1 ∶ 2，但袋料栽培生产周期短，生物学效率也高，而且可以利用各种农业废弃物，能够在城乡广泛发展。袋料栽培一次性投入量大，成本较高。本书重点介绍袋料栽培技术。

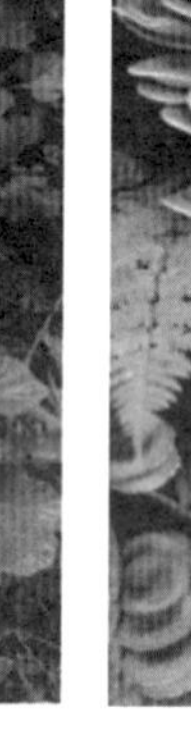

野生马桑菌

马桑菌椴木栽培

一、菌种准备

马桑菌菌株对不同温度要求不一，当地种植时需要结合该地气候条件，从而选择适应性、产量高、品质优的菌株。

二、马桑菌袋料栽培技术

（一）袋栽马桑菌的生产工艺

备料配料→拌料装袋→灭菌、冷却→接种、培养→越夏、出菇管理→采收与加工。

（二）备料

根据马桑菌所需营养，选择除含芳香油脂的松、柏、杉、樟外，其余树种均可使用，不分种类，混合运用，营养更全面。空心树不能腐烂变质，尽量少用，还需配备石膏粉、蔗糖、麸皮（新鲜、干燥、无虫蛀）。

（三）配料

配方 1：光皮桦木屑 43%、“杨树 + 槐树”混合木屑颗粒 32%、麸皮 22%、石膏 1%、红砂糖 0.4%、过磷酸钙 0.3%、硫酸镁 0.3%、缓释增氧剂 1%，含水量 50%—55%，pH 值为 6.5—7。

配方 2：桦槁木屑 45%、阔叶硬杂木 32%、麦麸 20%、石膏 1%、硫酸镁 0.1%、过磷酸钙 0.5%、缓释增氧剂 1%、糖 0.4%。

配方 3：杂木屑 80%、麦麸 18%、石膏 1%、糖 0.3%、过磷酸钙 0.5%、硫酸镁 0.1%、50% 的多菌灵 0.1%、料含水量 55%—60%。

配方 4：杂木屑 60%、马桑木屑 20%、麦麸 18%、石膏 1%、糖 0.3%、过磷酸钙 0.5%、硫酸镁 0.1%、50% 的多菌灵 0.1%、料含水量 55%—60%。

按配方准备原辅材料，红（白）糖用少许水溶解待用。将麦麸、石膏粉充分拌匀，放入杂木屑料，搅拌 3次，随即加入糖水充分搅拌，使其含水量达50%—55%，即水料比为 1∶1.1左右，切忌太干或过湿。拌料用手握不黏手，木屑捏不成团，含水量在50%，再将其全部过筛一次即可。

（四）装袋、灭菌

选用 15 厘米 ×55 厘米 ×0.004 厘米低压聚乙烯塑料袋，装袋后在常压下温度达 100℃保持 10—15 小时灭菌，熄火后闷锅 2 小时转入接种室，冷却至 30℃以下即可接种。

（五）接种

1. 接种前用气雾消毒剂熏蒸接种室 30 分钟。

2. 接种量及接种方法

每棒扎孔 3 个接种，每孔用种量 5±0.5 克。在无菌条件下接种，将栽培棒脱掉外套袋，从一侧接种，以塞实接种孔为度，套上外套袋扎口。

接种完毕，立即用外袋套好；若不用外袋随即用胶布贴紧，木屑菌种接入穴位要冒出筒表 2 毫米并且要封好穴口。

（六）培养

冬末春初温度偏低，采用叠堆式紧密排放提高堆温，高 1—1.5 米，稍留空隙，便于空气流动。

盛夏高温菌筒则以“井”字形排列，穴位侧放，有利于通风透气，每层 3 筒，高 8 层，作业道宽 40 厘米，培养室温度应控制在 20℃—25℃之间，利于菌丝尽快定植和蔓延。温度超过 30℃菌丝则会停止生长甚至死亡。

（七）脱袋、转色

菌袋发满菌后 5—7 天脱袋。脱袋应在气温 22℃以下，无风的晴天或阴天进行。菌棒排放在菇床的横杆上，与地面成 70℃—80℃夹角，棒与棒间距 3—4 厘米。脱袋后 7—8 天采取增加通风次数、通风时间和喷水次数等措施，加快菌棒转色。

转色期间应控制温度，长时间低温（22℃以下）和较大温差（5℃—8℃）时会影响出菇品质。如袋内菇出现腐烂，应及时除去腐烂部位，并用多菌灵涂擦刮口消毒，再用透明胶封住破口部位，防止感染。

（八）出菇管理

1. 秋季管理

马桑菌出菇大多在秋季10—11月，温度由高转低，菌筒内含水量充足，菌丝生长旺盛，有利于马桑菌顺利形成，此时间内管理重点是拉大昼夜温差（8℃以上），刺激菇蕾迅速发生，全部显蕾后，菇蕾一指大时立即划袋，让其自然生长，温度保持在13℃—18℃之间，相对湿度为65%—70%，促其菇蕾顺利长大。

2. 冬季管理

冬菇大多发生在12月到次年2月间，正是中低温型菌株产菇适期，品质最优，售价高，此期着重抓保湿保温，防寒避冻。注意减少通风次数，缩短透气时间，降低外界寒冷空气的侵袭。

3. 春季管理

春季3—5月是菌筒产春菇旺季，温度逐日升高，菌丝逐步恢复生机，需要采用注水或用浸水补充水分，调节菌筒内的含水量，以利于菇蕾陆续发生。

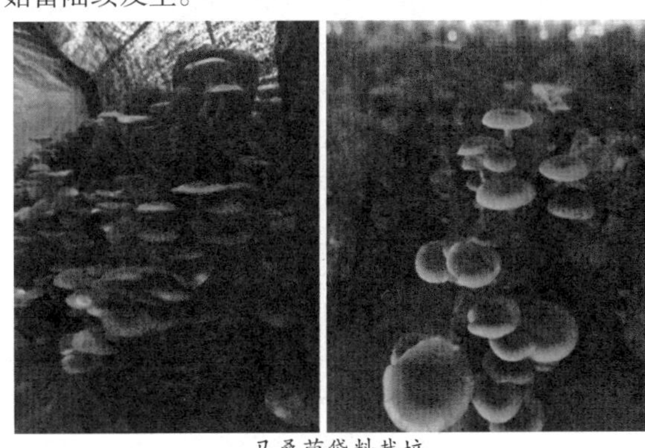

马桑菌袋料栽培

第二节 黑皮鸡枞栽培技术

黑皮鸡枞又名长根菇，鲜嫩醇香，肉质细嫩，洁白如玉，主要含有蛋白质、氨基酸、脂肪、糖类、维生素、微量元素以及真菌多糖、三萜类、朴菇素、叶酸等多种营养成分，是食、药兼用的蘑菇品种，在国际上享有“食用菌皇后”的美誉。该菌属土生型木腐真菌，分解木质素能力较强。黑皮鸡枞在中国、日本等地都有生产，我国主要产区为山东、河北、福建、四川、贵州、云南等省（自治区）。2019—2021 年黑皮鸡枞鲜品批发价格在 12—28 元 / 斤，是我国近年来有特色的、有竞争力的珍稀食用菌品种，备受人们青睐。据统计，贵州省 2017 年以来黑皮鸡枞种植面积连年增加，年生产菌棒大约 3500 万棒，主要在剑河县、水城县等地进行集中工厂化制棒，在全省各地进行分散式种植，包括层架、大棚地栽和林下栽培等多种种植模式。

一、生物学特性

（一）形态及分类地位

1. 分类地位及分布

黑皮鸡枞（*Hymenopellis raphanipes*），又名长根菇、长寿菇、露水鸡等，属于担子菌门（*Basidiomycetes*）蘑菇纲（*Agaricomycetes*）蘑菇目（*Agaricales*）泡头菌科（*Physalacriaceae*）。广泛分布于热

带和温带地区。

2. 形态特征

子实体单生或群生。菌盖直径 2.2—16.0 厘米，半球形，顶部呈脐状凸起，有辐射状皱纹，光洁，湿时微黏滑，茶褐色、黑褐色至黑灰色，菌肉白色。菌褶离生或贴生，白色，稀疏，不等长。菌柄上细下粗，保龄球形，长 4.5—19.0 厘米，直径 0.6—1.8 厘米，浅褐色、浅灰色至灰色，表皮质脆，肉部纤维质、松软，基部稍膨大，延生，10 厘米细假根。孢子印白色。营养菌丝锁状联合明显，白色，绒毛状，浓密，老熟后分泌色素，产生暗褐色菌皮。适宜培养条件下，约 9—12 天长满 9 厘米培养皿，30—45 天长满 17 厘米 ×35 厘米的菌包。

黑皮鸡枞野生（左）和栽培（右）形态图

（二）栽培生物学特性

1. 营养

黑皮鸡枞属木腐土生性食用菌类，分解木质素、纤维素能力较强。常用玉米芯、阔叶树木屑、秸秆、甘蔗渣、棉籽壳等作栽培主料，再添加适量的麦麸、玉米粉、米糠、石膏等为辅料即可，培养料适宜碳：氮为 20 ： 30。

2. 温度

黑皮鸡枞是生长于夏季至秋季的中温或中高温型食用菌。菌丛生长温度范围 5℃—35℃，适宜温度 20℃—28℃。出菇温度范围 15℃—32℃，适宜温度 25℃左右。

3. 水分与湿度

黑皮鸡枞喜湿不耐旱，栽培料含水量宜控制在 60%—65% 之间，可根据原料粗细及种类微调，原料细、持水力差的含水量宜低，原料粗、持水力好的含水量宜高。如较细的木屑培养基含水量应控制在 60% 左右；棉籽壳为主的培养基含水量应控制在 65% 左右。出菇时相对湿度宜 85%—90%。

4. 空气

黑皮鸡枞是好气性菌类，喜新鲜空气，菌丝培养阶段二氧化碳浓度宜控制在 0.3% 以下，原基形成阶段宜 0.1%—0.3%，子实体伸长阶段宜 0.1%—0.6%。特别注意菌丝培养阶段空气中二氧化碳浓度不宜过高，若通风不良，二氧化碳浓度过高，菌丝体生长较慢，培养阶段易过早形成大量透明珍珠状小原基，栽培出菇时菇体小、发育不良。

5. 光线

菌丝生长阶段不需要光照，避光菌丝洁白、粗壮、生长速度快，强光抑制菌丝生长。后熟期及子实体分化需要适当的散射光照刺激，光照强度 100—500lx 有利于原基尽快形成，但子实体发育和生长对光线不敏感。子实体生长期间不适宜阳光直射，大棚栽培须采取遮光措施，降低光照强度。

6. 酸碱度

菌丝体和子实体生长适宜偏酸环境，培养料 pH 值控制在 5.5—7.3 之间，覆土材料最适 pH 值 6.0—7.2，不耐高碱性。

二、常规栽培技术

（一）栽培季节和栽培生理特点

1. 栽培技术要点

黑皮鸡枞可脱袋覆土、单袋覆土或不覆土栽培，适合在室内菇房栽培。覆土栽培保湿较好，子实体数量较易控制，单菇重量大，但存在容易感染霉菌，尤其是木霉，导致烂袋；用土、用工量大；成品菇容易携带泥沙等问题。不覆土栽培节省用工，成品菇干净，但存在栽培管理难度大、保湿困难、子实体容易出得过密、单菇重量小等缺点。

2. 栽培季节安排

根据当地气候安排生产季节，出菇期往前推 3—4 个月完成制袋。有可控温设施条件，菇棚地温稳定在 18℃以上时，即可进棚脱袋覆土栽培，可全年培育菌包和出菇。贵州春夏季栽培可于 3 月中旬开始接种制袋，6—8 月出菇。固体栽培种培养应在制袋前 40 天左右进行，固体原种培养应在栽培种制作前 35 天左右进行。采用液体菌种时，若培养温度适宜，则可大大缩短菌种和菌包的发菌时间。高温季节与中低温季节覆土培育和出菇，在大棚控温和生产管理措施上差别较大，控温性能好的菇棚，则可周年栽培出菇，整体要求棚内温度控制在 18℃—30℃。

3. 栽培生理特点

黑皮鸡枞菌包培育菌龄、生长积温和出菇期空气及土壤温度、湿度，是出菇早晚、子实体生长速率的关键影响因素。在适宜温度条件下，菌包发满菌袋需 35—45 天，后熟培养还需 60—90 天，覆土后培育时间为 25—40 天。采用液体菌种接种，菌包发菌时间可缩短 10—15 天；若后熟时间过短或覆土后地温过低，则出菇延迟，地栽培育时间延长 20—30 天才出菇，且容易发生烂包、污染等问题；如覆土后土壤、空气湿度过低，菌料水分散失过多，表面干燥，亦会延迟出菇。值得注意的是，覆土培育期和出菇期均忌高温闷棚和积水浸泡，否则，会造成不出菇、杂菌生长或菇蕾、幼菇死亡，严重降低长根菇产量和质量，应提前采取预防措施。

冬季和夏季在不同温度范围条件下，其子实体形态、颜色等会有差异。偏低温环境生长较慢，菇体粗壮色深，菌盖厚、圆整，柄短，品质较好；偏高温环境生长较快，菇体细弱色浅，菌盖薄、开伞，柄长，品质较差。

（二）栽培技术

栽培工艺：固体栽培种或液体菌种制备→配料、拌料→装袋→灭菌、冷却→接种→发菌培养→后熟培养→覆土培育→出菇管理→采收→分级→透冷包装→冷藏及冷链运输。

1. 栽培种制作

母种培养基：马铃薯 200 克，葡萄糖 20 克，琼脂 20 克，磷酸二氢钾 2 克，硫酸镁 1 克，水 1000 毫升。也可使用北京奥博星生产的 PDA。

固体原种和栽培种配方：木屑 30%，棉子壳 45%（中棉或中棉和短棉混合），麦麸 22%，蔗糖 1.5%，$CaCO_3$1%，$MgSO_4$0.5%，水 65%。

液体菌种培养基配方：玉米粉 25 克，蔗糖 25 克，麸皮 20 克，硫酸镁 2.5 克，磷酸二氢钾 5 克，酵母粉 2 克，纯净水 1000 毫升，另加 3—5 滴消泡剂。

2. 生产投入品

（1）栽培料。包括木屑、棉籽壳、玉米芯；麦麸、玉米粉、棉籽粉、豆粕粉；过磷酸钙、轻质碳酸钙、石膏、石灰。

（2）栽培袋。选用低压聚乙烯或聚丙烯塑料袋，规格为 17 厘米 ×33 厘米—17 厘米 ×35 厘米。

（3）消毒剂。培养空间使用 66% 二氯异氰尿酸钠烟雾剂，4—5 克 / 立方米熏蒸消毒；菌棒表面和出菇畦床使用 1% 石灰拌土覆土。

3. 栽培料配方

配方一：麦麸 20%、杂木屑 69%、轻质碳酸钙 1%、豆粕 10%、含水量 60%—62%。

配方二：豆粕 10%、杂木屑 40%、麦麸 20%、甘蔗渣 29%、轻质碳酸钙 1%，含水量 65%。

配方三：棉籽壳 37%、杂木屑 37%、轻质碳酸钙 1%，麦麸 25%、含水量 65%。

配方四：木屑 36%，棉籽壳 40%，麦麸 20%，玉米粉 3%，石膏 1%。

配方五：棉籽壳 79%、麦麸 20%、石灰 1%，含水量 65%。

具体使用何种配方，要考虑当地材料价格和供给量。

4. 菌种质量要求

（1）品种选择。根据当地气候选用适宜出菇温度范围的优质高产品种。

（2）菌种质量与优繁。菌种质量与繁育应符合农业部《食用菌菌种管理办法》的规定。菌种生产须严格按照无菌操作，培养应在消毒控温培养室内进行。长根菇原种、栽培种可采用液体菌种。

5. 菌袋制作

根据配方制作菌袋，木屑、棉籽壳需提前一天将期预湿，含水量控制在 70%—75%，木屑完全浸没，其他培养料不需要预湿。制作时先将主料干拌，混合均匀，搅拌约半小时，后将其他辅料投入继续干拌约半小时，再补水，补水采用少量多次的原则，搅拌均匀，含水量调至 60%—65% 左右，pH 约 6.8—7.5。选用聚乙烯塑料袋装袋，短袋每袋装干料 300—450 克，长袋每袋可装干料 800—1000 克。

6. 装袋灭菌

在栽培料搅拌均匀后，应立即进行装袋，装袋要迅速，装袋过程中拌好的料要不时进行搅拌，防治酸败和水分下渗导致水分不均匀。春秋季节保证 4 小时内装袋完毕并进行灭菌，若夏季要保证在 2—3 个小时内完毕，条件允许时拌料室降温。装料时将培养料均匀压实，采用装袋机分装，无棉体盖封口。常压 100℃下保持 15—20 小时灭菌，热焖过夜；高压 0.15mPa 蒸汽压力下保持 2.5 小时灭菌。拌料、装袋、灭菌尽可能在同一天内完成。

7. 接种操作

灭菌后无菌冷却室冷却至 30℃以下，即可移入接种室内进行接种。接种人员应消毒，接种室通过风淋室洁净后进入。通常采用自动接种机进行接种，接种前各工作部件均需要擦拭消毒。接种过程严格无菌操作。同一批灭菌的菌袋要一次性接完，接种后及时将菌袋移入培养室发菌。

接种后长袋需要在料袋一侧面上打 4 个直径 1—2 厘米、深 1.5 厘米的孔穴，接入菌种，封口。短袋打开袋口直接接种。接种后移入培养室培养。特别强调，接种室接种完毕后要立即进行清洁和消毒，不可在接种室存留菌种、栽培袋、工具等污染物。

8. 发菌管理

培养室应洁净，注意控制粉尘量，通风良好。空气相对湿度保持在 60%—70%。培养温度宜 22℃—26℃，25℃时菌丝生长最快、最好。培养室要每天进行检查，发现有污染的菌筒要及时清理。注意实施检测包中心温度。黑皮鸡枞菌丝生长过程中要经常通风，防止二氧化碳浓度过高影响菌丝的生长，前 15 天可不通风，15 天后可适度通风，控制二氧化碳浓度在 0.3% 以下。固体菌种在适宜条件下，菌丝培养 40—45 天可长满菌包。发菌完毕还应继续培养一段时间，达到生理成熟才能正常出菇。后熟期的长短，与氧气是否充足、培养温度及栽培原料有关。后熟期可给予 200—300lx 光照，以自然光为好。当菌袋表面局部出现褐色菌被和密集的白色菌丝束时，可脱袋进行出菇管理。

9. 菇场整理

选择土壤肥沃，有水源，不积水，腐殖质含量高，团粒结构好，无污染源的大棚地面作菇场。夏季出菇将地面土壤整理成宽100厘米×18厘米的畦床，地面呈凹式，床底平整，作业道宽50厘米。冬季低温出菇，菇畦应设置为凸床式，高出大棚地面，利于调控温度。均匀铺一层厚4—5厘米干麦秸或覆盖草苫，以利于控湿保温。

10. 脱袋覆土

最好的覆土材料是草炭土，需要经太阳暴晒或消毒，将pH值调至6.0—7.0。出菇畦床底部撒一薄层生石灰粉，也可用1%—2%的石灰水浇灌一遍。将菌丝已长满并达到生理成熟的菌包用刀尖划开，脱去塑料袋接种口朝下，竖放于畦床上，或剥去一侧的袋子，横放在畦床上，开口侧朝上。菌袋之间留3—5厘米空隙用土壤填充，再进行覆土。覆土后25—30天现蕾出菇。

11. 出菇管理

菌袋培养90天后，菌丝转成褐色。当菌丝已达生理成熟后便可出菇，出菇可采用脱袋出菇、不脱袋覆土出菇、菌袋直接出菇等方法。

脱袋出菇：脱去塑料袋，于菇棚中排放整齐，棚顶盖遮阳网或秸秆，菇棚内保持温湿度。间隔为3—3厘米，间隔填土，菌筒表面覆土3—5厘米厚。

不脱袋覆土出菇：菌袋解开竖直排放在菇棚内床架上，覆土

3—4 厘米即可。

直接出菇：若用短袋栽培，当长根菇菌丝生理上成熟时，打开菌袋口直接出菇。菇棚内注意喷水增加湿度，制造温差即可出菇。

出菇前控制棚温在 15℃—32℃，地温在 20℃—25℃，昼夜温差控制在 8℃以内。空气相对湿度保持在 85%—90%，以促进出菇。控温栽培时将温度设定在 21℃—27℃较适宜，湿度 85%—93%。

原基分化阶段，少通风，保持温湿度稳定，光照强度保持在 200—300lx 之间均可。

待菇蕾陆续形成，初期适度多通风，随着幼菇生长逐渐减少通风量，棚内二氧化碳浓度保持在 0.2%—0.3% 以下。

大量出菇期，棚温控制在 23℃—27℃之间，地表温度保持在 21℃—24℃之间，相对湿度保持在 85%—92% 之间，二氧化碳浓度控制在 0.3% 以下，光照强度保持在 100—500lx。每隔 5—6 天喷施一次 1% 石灰水上清液，防止长根菇发黄、染霉，枯蕾死菇，虫螨等危害。

三、采收与采后处理

优质商品菇生产应在八成熟、菌盖尚未完全展开前采收。采收前一天停止喷水，采收时用手指夹住菌柄基部轻轻扭动并向上拔起，将根部一起拔出，不要掰断菇根，集中将菌柄基部的假根、泥土和杂质削除。菇床表面不能残留菇根和残菇、死菇，应保持棚内环境和覆土层清洁卫生。大棚覆土地栽长根菇总生物学效率可达

70%—90%。按菇体形态颜色、菌盖大小厚薄、菌柄长短粗细等标准进行分级，可鲜销，预冷 4—6 小时后 1℃—4℃冷藏可保鲜储运 3—5 天，也可速冻、干制和加工制罐等。

第三节 大球盖菇栽培技术

大球盖菇（*Stropharia rugosoannulata*）又名皱环球盖菇、皱球盖菇，属于担子菌门（*Basidiomycota*）伞菌目（*Agaricales*）球盖菇科（*Strophariaceae*）球盖菇属（*Stropharia*）真菌。它属一种草腐菌类，可利用农作物的秸秆做原料。大球盖菇具有较强的抗杂和抗逆能力，适应温度范围广，对纤维素、木质素降解能力强等特性，可以利用多种农林废弃资源。

一、生物学特性

（一）形态特征

子实体单生、丛生或群生，中等至较大。菌盖近半球形，后扁平，直径 5—15 厘米。菌盖肉质，湿润时表面稍有黏性。幼嫩子实体初为白色，有乳头状的小突起，随着子实体逐渐长大，菌盖渐变成红褐色至葡萄酒红褐色或暗褐色，老熟后褪为褐色至灰褐色。有的菌盖上有纤维状鳞片，随着子实体的生长成熟而逐渐消失。菌盖边缘内卷，常附有菌幕残片。菌肉肥厚，色白。菌褶直生，密集排列，初为污白色，后变成灰白色，随菌盖平展，逐渐变成褐色或紫黑色。菌柄近圆柱形，靠近基部稍大，柄长5—20厘米，直径0.5—4厘米，菌环以上污白，近光滑，菌环以下带黄色细条纹。菌柄早期中实有髓，成熟后逐渐中空。菌环膜质，较厚或双层，位于柄的中上部，白色或近白色，上面有粗糙条纹，深裂成若干片段，裂片先端略向上卷，易脱落，在老熟的子实体上常消失。孢子印紫褐色，孢子光滑，棕褐色，椭圆形，有麻点。顶端有明显的芽孔，厚壁，褶缘囊状体棍棒状，顶端有一个小突起。

（二）营养特性

大球盖菇对营养的要求不高，以碳水化合物和含氮物质为主。

碳源：主要有葡萄糖、纤维素、稻草、麦秆、蔗糖、木质素、木屑等均可作为培养基。

氮源：主要是氨基酸、蛋白胨、麸皮、米糠、豆粉及一些无机氮素，不能利用硝态氮、亚硝态氮。不仅补充了氮素营养和维生素，也是早期辅助的碳素营养源。粪草料及棉籽壳，都不适合栽培大球盖菇。

矿质元素：大球盖菇除了要求以碳水化合物和含氮物质为主的营养物质外，还需要一定量的矿质元素。矿质元素以Ca、P、K、Fe、Cu等为生长发育所需重要物质。

（三）环境条件

1. 温度

温度是控制大球盖菇菌丝生长和子实体形成重要因子。菌丝生长阶段适温范围是5℃—36℃，最适温度为24℃—28℃，低于

10℃以下和超过 32℃以上生长速度下降，超过 36℃，停止生长。子实体生长阶段，温度范围是 4℃—30℃，原基形成的最适温度为 12℃—25℃。在此温度范围内，温度越高，子实体的生长速度越快，朵形较小，易开伞；而在较低的温度下，子实体发育缓慢，朵形较大，柄粗且肥，质优，不易开伞。当气温越过 30℃以上时，子实体原基难以形成。

2. 湿度

水分是大球盖菇菌丝及子实体生长不可缺少的因子。基质中含水量的高低与菌丝的生长及长菇量有直接的关系，菌丝在基质含水量 65%—75%的情况下能正常生长，最适宜含水量为 70%左右。含水量过高，菌丝生长不良，表现稀、细弱，甚至萎缩。子实体发生阶段要求环境相对湿度在 85%以上，以 95%为宜。

菌丝从营养生长阶段转入生殖生长阶段必须提高空气的相对湿度，方可刺激出菇，否则菌丝虽生长健壮，但空气湿度低，出菇也不理想。

3. 光照

大球盖菇菌丝在完全黑暗条件下可以生长，原基分化则不行，需要散射光刺激，原基才能正常分化、子实体生长阶段需要较强的光照。实际栽培中，栽培场所选半遮阴的环境，栽培效果更佳。产量高，菇体色泽艳丽，健壮品质优质。

4. 空气

大球盖菇属好气性真菌，新鲜空气是保证正常生长发育的重要环境之一。菌丝生长阶段，对通气要求不敏感，空气中的二氧化碳浓度可达0.5%—1%；子实体生长发育阶段，要求空气的二氧化碳浓度要低于0.15%。当空气不流通、氧气不足时，菌丝生长和子实体的发育均会受到抑制，特别当子实体大量发生时，更应注意场地的通风，只有保证场地的空气新鲜，才有可能优质、高产。

5. 酸碱度

大球盖菇正常生长pH为4.5—9，以pH为5—7的微酸性环境较适宜。pH值较高的培养基中，前期菌丝生长缓慢，但在菌丝新陈代谢的过程中，会产生有机酸，而使培养基中的pH值下降。

6. 土壤

大球盖菇菌丝营养生长阶段，没有土也能正常生长，覆土可以促进子实体的形成。不覆土也能出菇，但时间明显延长，这和覆盖层中的微生物有关。覆盖的土壤要求含有腐殖质，质地松软，具有较高的持水率。覆土以园林中的土壤为宜，切忌用沙质土和黏土。

二、栽培与管理技术要点

（一）栽培配方

大球盖菇具有极强的抗逆性，对纤维素、半纤维素的分解利用能力较强，可以直接生料栽培，或采用后发酵料进行栽培，也可以采用熟料栽培。常见栽培方式有露地、林下和暖棚栽培，栽培方式不同，培养料的调制亦不同，其中稻草对大球盖菇的产量与质量均有明显影响。

熟料栽培配方：废菌糠63%、棉籽壳20%、麸皮15%、石膏 1%、红糖 1%，含水量 65%—75%。

发酵栽培配方：甘蔗渣 78%、棉籽壳 15%、麦皮 1%、蔗糖 1%、石灰 0.5%、石膏粉 0.5%，含水量 65%—75%。

生料栽培配方：稻草 50%、谷壳 49%、石灰 1%，含水量 65%—75%。

（二）熟料制备的建堆发酵

将栽培原料稻草、谷壳、牛粪等干料先预湿，如：一层稻草，一层谷壳，一层牛粪，一层石灰粉铺均匀；建堆宽 1.5 米、高 1 米、长度不限。每隔 10 天翻堆 1 次，共翻堆 2—3 次，堆料含水量控制为 65% 左右。

（三）铺料与播种

根据大球盖菇的生物学特性和当地气候和栽培设施等条件而定。一般选取温暖、避风、遮阴的地方作为栽培大球盖菇的场地。一般高畦栽培，床宽 100 厘米，高 10—15 厘米，长度 1.5—7.0 米，畦与畦之间的距离 40—50 厘米，畦床在使用前需暴晒、散石灰 25 千克 /667 平方米并预湿。采用生料、预发酵料或后发酵料栽培时，铺床前必须检查含水量和 pH 值是否符合要求，即含水量为 70%—75%、pH 值为 6—7。入床铺料一定要压平捺实。松软的菌床往往导致失水和升温，不利于菌丝定植和生长。因此，把草料压平捺实则为栽培技术之关键。

播种：层播、穴播均可。用干草料 20—25 千克 / 平方米，用种量每平方米 2—3 瓶（袋）。穴播时，穴深 5—8 厘米，穴距 10 厘米左右，采用梅花式穴播。播种后覆土，厚度 3—5 厘米，畦面呈龟背形，再盖上一层 3—5 厘米干稻草。覆土使用未受污染的、无病虫、肥沃、疏松、pH 为 5.7—7.0 的含腐殖质，并做好消毒杀菌处理。

（四）发菌期管理

通常采用箱式播种熟料栽培，接种后可直接入棚发菌。控制温湿度是接种后发菌期间重要环节。播种后 3—7 天菌丝萌发并开始生长，播后 10 天检查菌棒，若菌种发白，则一切正常。播种后 20 天之内基本不喷水或少喷水。待菌种已萌发，定植，并伸长到培养料一半时，可适当喷水。若菌丝生长旺盛有力，整个发菌期保持覆土湿润即可，温度过高可打孔或喷水降温，控制温度 30℃以下，发菌 30—40 天即可。

（五）出菇管理

当菌丝露出土面后方可向表面稻草及覆土喷水保湿，以 90%左右为宜，2—3 天即可出菇，从原基形成到子实体采收约 7—10 天。温度低，菇大而厚，生长慢；气温高，菇偏小而多；温度适中，出菇大小适中，品质好。但喷水切勿过量，影响菌床出菇。

（六）采收及采收后的管理

菇体七分成熟时菇盖呈钟形未反卷，菌褶呈灰白色，菌膜未破裂，未开伞即可采收。采收时用拇指、食指和中指抓住菇体的下部，扭松动即可拔起，注意不要松动四周菇蕾。采收基本原则是采大留小，采摘后及时进冷藏库保鲜，并根据分级包装。采收后留下的洞穴要及时填上细土，保证菌丝恢复生长和出菇，采收后的残次菇和菌渣要清除干净，不要留在菌床上，避免引起病虫害。对菌床喷水，补充培养期管理，经 20—25 天培养又可采收。

（七）病虫害防治

大球盖菇抗性强，易栽培。根据多年栽培实践及近年来推广的情况，大球盖菇尚未发生严重病害。只是在出菇前，偶尔见一些杂菌，如鬼伞、裸盖菇等。栽培过程较常见的害虫有蛞蝓、螨类、菇蚊、跳虫，蚂蚁等。生产上仍然坚持“预防为主，综合防治”的方针，主要使用农业防治和物理防治，基本不使用药剂防治。

农业防治: 作物秸秆等培养原料使用前在太阳下曝晒 2—4 天，用太阳光杀灭病虫；选用优良生物学特性的菌种；注意保持环境清洁卫生，创造适宜的生长环境。如发现杂菌如鬼伞，要及时拔除，并做深埋处理，以减少营养消耗，同时隔离防止其蔓延扩散。

物理防治：在场地等间距悬挂粘虫板，诱杀菌蝇、菌蚊；利用杀虫灯诱杀鳞翅目和双翅目成虫等；利用糖醋液诱杀果蝇、小地老虎等。

第四节 鸡腿菇栽培技术

鸡腿菇，又名毛头鬼伞。是我国北方春末、夏秋雨后发生的野生食用菌，也是一种具有商业潜力、可被人工栽培的食用菌。鸡腿菇菌肉洁白细嫩，味道鲜美可口，营养丰富，色香味并不亚于草菇。鸡腿菇也是药用菌，菇体性平味甘，有益脾胃，清心安神，助消化，增食欲，有治痔疮及降低血压和血糖等功能，经常食用对治疗糖尿病有较好疗效。

鸡腿菇是适应能力极强的草腐菌、土生菌、粪生菌。能够利用相当广泛的栽培原料作为碳源，对营养要求不太严格，可充分利用各种作物秸秆、玉米芯、棉籽壳、废棉、菌糠、畜粪等进行栽培。但以棉籽壳产量最高，秸秆料和菌糠料次之。不管直接装袋还是熟料袋式栽培，经过发酵比不发酵的生料，发菌快、菌丝浓密、杂菌少、产量高，但过度发酵，则出菇后劲不足。在栽培中，常利用麸皮、米糠、尿素和畜粪补充培养料的氮源。缺少硫胺素时，鸡腿菇菌丝生长受影响。在培养料中加入一定量的麸皮、米糠、玉米粉，可促进鸡腿菇菌丝的生长。矿物肥也是不可缺少的，添加一定量的过磷酸钙、石膏、石灰等有助于代谢活动的正常进行。

鸡腿菇

鸡腿菇抗逆性强，适应性广。可以室内栽培，也可以棚内栽培；可以床架栽培，也可以阳畦栽培；可以发酵料栽培，也可以熟料栽培。鉴于铺床栽培法的料温难以控制（因发酵时间短，易升温）

和料松而不利于菌丝生长，致使栽培成功性差，近年来大多采用菌棒覆土栽培法，有力地促进了鸡腿菇的商业性栽培。

一、生物学特性

（一）分类

鸡腿菇属真菌门，担子菌亚门，层菌纲，伞菌目，鬼伞科，鬼伞属。

（二）形态

子实体群生。菇蕾期菌盖圆柱形，连同菌柄状似火鸡腿，鸡腿菇由此得名。后期菌盖呈钟形，高9—15厘米，最后平展。菌盖表面初期光滑，后期表皮裂开，成为平伏的鳞片，初期白色，中期淡锈色，后渐加深；菌肉白色，薄；菌柄白色，有丝状光泽，纤维质，长17—30厘米，粗1—2.5厘米，上细下粗，菌环乳白色，脆薄，易脱落；菌褶密集，与菌柄离生，宽5—10毫米，白色，后变黑色，很快出现墨汁状液体。孢子黑色，光滑，椭圆形，有囊状体。囊状体无色，呈棒状，顶端钝圆，略带弯曲，稀疏。

二、栽培条件要求

（一）营养

鸡腿菇能够利用相当广泛的碳源。葡萄糖、木糖、半乳糖、麦芽糖、棉籽糖、甘露醇、淀粉、纤维素、石蜡都能利用。利用木糖比葡萄糖差，利用乳糖相当好，但不是最好；某些菌株利用半乳糖和乳糖好于利用甘露醇、葡萄糖、果糖；利用软石蜡能力较差。蛋白胨和酵母粉是鸡腿菇最好的氮源。鸡腿菇能利用各种铵盐和硝态氮，但无机氮和尿素都不是最适氮源，在麦芽汁培养基中加入天门冬酰胺、蛋白胨、尿素，菌丝生长更好。缺少硫胺素时鸡腿菇生长受影响。在培养基中加入含有维生素 B_1 的天然基质，如麦芽浸膏、玉米、燕麦、豌豆、扁豆、红甜菜、野豌豆、红三叶草、苜蓿等绿叶的煎汁，可以大大促进鸡腿菇菌丝的生长。鸡腿菇可以进行深层培养。在麦芽汁培养液中，每升可以产生 25—28 克干菌丝体。在只含无菌水、磷酸盐和碳源的培养液中，鸡腿菇的菌丝也能生长。

（二）温度

鸡腿菇菌丝生长的温度范围在 3℃—35℃，最适生长温度在 22℃—28℃。鸡腿菇菌丝的抗寒能力相当强，冬季零下 30℃时，土中的鸡腿菇菌丝依然可以安全越冬。温度低时，菌丝生长缓慢，呈细、稀、绒毛状；温度高时，菌丝生长快，绒毛状气生菌丝发达，基内菌丝变稀；35℃以上时，菌丝发生自溶现象。子实体的形成需要低温刺激，当温度降到 9℃—20℃时，鸡腿菇的菇蕾就会陆续破土而出。低于 8℃或高于 30℃时，子实体均不易形成。在 12℃—18℃的范围之内，温度低，子实体发育慢，个头大，个个像鸡腿，甚至像手榴弹。20℃以上菌柄易伸长、开伞。人工栽培，温度在 16℃—24℃时子实体发生数量最多，产量最高。温度低，子实体生长慢，但菌盖大且厚，菌柄短而结实，品质优良，贮存期长；温度高时，生长快，菌柄伸长，菌盖变小变薄，品质降低，极易开伞和自溶。

（三）水分与湿度

鸡腿菇培养料的含水量以60%—65%为宜，发菌期间空气相对湿度65%左右。子实体发生时，空气相对湿度应为85%—95%，低于60%菌盖表面鳞片反卷，湿度在95%以上时，菌盖易得斑点病。

（四）空气

鸡腿菇菌丝体生长和子实体的生长发育都需要新鲜的空气。在菇房中栽培，子实体形成期间每小时应通风换气4—8次。

（五）光照

鸡腿菇菌丝的生长不需要光线，但菇蕾分化时和子实体发育长大时均需要200—500lx的光照。

（六）酸碱度

鸡腿菇菌丝能在pH值2—10的培养基中生长。培养基初期的pH值为3.7或8，经过鸡腿菇菌丝生长之后，都会自动调到pH7左右。因此，无论是培养基或覆土材料均以pH值为6—7时最适合。

三、栽培措施

（一）栽培季节

春季至夏初、秋季至春季都可以栽培鸡腿菇。室内和大棚夏季也可栽培，但气候炎热，不易保鲜，若没有妥善的加工和保鲜措施，商业意义不大。

（二）栽培场地

室外栽培可以在果园、菜地、休闲田中整畦搭棚进行。室内栽培可以利用现有菇房、床架进行栽培管理。

（三）栽培技术

1. 栽培料配方

按 100 平方米栽培面积计。

配方一：棉籽壳 1800 千克，麸皮 160 千克，玉米粉 50 千克，过磷酸钙 20 千克，石膏 20 千克，石灰 25—50 千克。

配方二：玉米芯 1000 千克，棉籽壳 800 千克，干牛粪 200 千克，棉籽饼粉 60 千克，尿素 10 千克，过磷酸钙 25 千克，石膏 25 千克，石灰 25—50 千克。

配方三：秸秆碎料 1200 千克，干牛马粪 800 千克，麸皮 50 千克，棉籽饼 40 千克，尿素 10 千克，过磷酸钙 25 千克，石膏 50 千克，石灰 50 千克。

配方四：食用菌废料 800 千克，秸秆碎料 500 千克，棉籽壳 500 千克，干牛粪 200 千克，棉籽饼 40 千克，尿素 10 千克，过磷酸钙 25 千克，石膏 25 千克，石灰 25—50 千克。

2. 制袋接种

（1）原料的性状要求：秸秆料、玉米芯、食用菌废料在使用前必须碎成草屑状。秸秆过 20 毫米筛，玉米芯过 17 毫米筛。以增加培养料的紧密性，矿质肥要成粉状。

（2）秸秆料的碱化处理和预湿预堆：凡有秸秆料的配方，必须先碱化处理和预湿预堆。碱化处理和预湿同步进行，即用1%—

3%石灰水，把原料调节到含水量65%—70%，玉米芯和玉米秸通常料水比1∶1.8。预湿1—2天，然后加入尿素和调湿的牛粪（预先进行杀虫处理），用搅拌机搅打1—2遍，使其浸湿、润透、混匀。预堆2—3天。

（3）预堆后，发酵2—3天，当料温达到60℃以上时维持12—24小时，即可把调好水分的棉籽壳（同样用搅拌机打搅）加入到秸秆类发酵料中。当料温又升到60℃以上时再维持12—24小时，即可把麸皮、石膏、过磷酸钙和石灰的混合料加入其内，并再整好堆形（宽1.5米，高1米，顶宽不低于60厘米），同时用木棍扎眼（间距50厘米），覆盖好编织袋或草帘，继续发酵，期间还要在料表喷0.5%敌敌畏进行杀虫处理。当料温达60℃以上时，即可散堆装袋、播种。正式发酵时间约7天。

3. 菌丝培养

（1）直接装袋接种培养料发酵好后，用石灰水调节pH至8，水分调节到含水量65%—68%（手握料，指间溢水1—3滴）然后装袋接种。塑料袋可大可小，通常20厘米×45厘米，也可17厘米×35厘米或20厘米×40厘米。接三层菌种二层料或者四层菌种三层料，边装袋边接菌种，接种量按20%较为合适。并在有菌种的地方打孔，以利透氧和散发废气，促进菌丝生长。

（2）装袋、灭菌、接种此法为熟料栽培，即先把料装入袋内，两端扎口，在97℃—100℃温度条件下灭菌6—8小时，便可出锅、冷却、接种。在这里需要指出的，凡上述配方培养料，均可在拌好料后直接装袋（不用发酵）、灭菌、接种，但灭菌时间应在12小时以上并焖锅5—8小时。也可发酵3—5天（中间翻堆2次）即可装袋无菌。从栽培效果来看，一般采用发酵料（发酵5—7天）装袋、灭菌、接种，菌袋污染率低、发菌快、菌棒质量好。

4. 出菇管理

菌袋发满5—7天后，菌丝便达生理成熟，即可脱袋覆土。菌棒可立放，也可横放，通常采用立放，而且接种的端面放在上端。菌棒的高度（即培养料厚度）一般控制在15—20厘米。如果菌棒较长，可断开两段，断开面放在下边。采用大棚栽培的，可在棚内开挖深15—20厘米、宽1—1.5米的阳畦，最好南北向。采用床架栽培的，应先在床架上铺一层编织袋，再放一层捏得扁、搓得圆的湿土，土层上边便可立放菌棒。菌棒之间距离3—5厘米，用营养土（壤土）填满缝隙，并浇一次细水，使土密实，以防产生底菇。最后在菌棒上面覆一层3厘米厚的粗细搭配的黏壤土或复合营养土，并喷洒细水，使含水量达18%左右。待土表无明水后，即可覆地膜吊菌丝入土和进行土层发菌。

覆土后棚内温度20℃—30℃为好，适当通风换气，注意保持土层的湿润，一般覆膜3—5天，菌丝便可爬入土层，这时可揭去薄膜，但要减少菇棚通风，以利于菌丝串土。也可继续覆膜下进行土层发菌，但每天应揭膜3—4次，每次30—60分钟，防止菌丝徒长，夜间可揭去薄膜。如果夜间棚温达不到20℃以上，菌丝串土太慢，也可在夜间仍维持覆膜状态，以利于提高菇床温度。当覆土表面大多显现絮状菌丝时，细喷一次结菇水，第二天用齿耙划动一下表面，并再覆一层0.5—1.0厘米土，然后再喷一次出菇水，将土层湿度调到捏得扁、搓得圆、刚不黏手的状态，同时适当增加散射光，棚温保持在18℃—20℃，再加上昼夜间的温差变化刺激，通常再过 5—7 天便可形成菇蕾。以后则依出菇多少、棚温、棚湿调节喷水量、通风次数和时间，菇蕾时期是个敏感阶段（所有菇类的固有特性），防止反复喷水伤害菇蕾。出菇前必须调节好土层湿度。

菇蕾显现时，必须在 1—2 天内把土墙、走道喷湿（或灌水），以创造一个良好的空气湿度环境。如果棚温偏低或棚内空气湿度不易保持，最好在床畦上面再搭一个小拱棚，以利于保温和保湿，促进菇蕾的分化、发育和生长。出菇期间，棚温 16℃—20℃，棚湿 25%—90%，光照度 50—100 lx 为宜。

（四）采收与采后处理

鸡腿菇的子实体生长成熟快，且易开伞自溶而失去商品价值，故在菌环尚未松动时及时采收。一天至少采收两次，上午宜采稍大者，下午宜采稍小者，有时夜间也要加采一次，只要发现菌环开始松动就要及时采收。一般掌握菇体不空心、菌环刚开始松动时就应采收。采收时，采大留小，尽量不要触动周围小菇。若菇体连片，可用不锈刀片割下。采收后，应及时去掉死菇烂菇，清理床面、补土菇穴，必要时可追施一次营养水，一般经过 10—15 天可再出二潮菇，能连续出三潮。如果第一潮菇产量高，出菇又整齐，采完后再覆一层 0.5 厘米的土，并盖膜 2—3 天，然后揭膜催菇。如果出菇不整齐，潮次不清楚，应以区别情况喷施不同的水量。喷水过大易出鸡爪菇，喷水过小，则菇体轻、产量低。鸡腿菇采收后，应及时杀青、盐渍，不可存放过长。除冬季进行反季节栽培的可以鲜销外，一般以杀青、盐渍为主，有条件的可及时速冻加工。

第六章 其他食用菌的栽培技术

第一节 姬松茸栽培技术

姬松茸（*Agaricus blazei*），又名巴西蘑菇、巴氏蘑菇、小松菇、柏拉氏蘑菇因其产自巴西、北美南部和秘鲁而得名。属于担子菌门（*Basidiomycota*）伞菌目（*Agaricales*）蘑菇科（*Agaricaceae*）蘑菇属（*Agaricus*），是一种夏秋生长的草腐生菌，生活在高温、多湿、通风的环境中，具杏仁香味，口感脆嫩。姬松茸菌盖嫩，柄脆，味纯鲜香，具有较高食用价值。新鲜子实体含水分为85%—87%；可食部分每100克干品中含可溶性糖类38—45克、粗蛋白40—45克、粗纤维6—8克、脂肪3—4克、灰分5—7克；其蛋白质由18种氨基酸组成，其中含人体的8种必需氨基酸，还富含有麦角甾醇和多种维生素。组成成分之一甘露聚糖对肿瘤抑制（尤其是腹水癌）、增强精力、医疗痔瘘、降血糖和防治心血管病等均有较好疗效。

姬松茸是一种适于夏秋季节生长的好气性草腐菌，属中高温型真菌。目前，福建、云南、河南、黑龙江等近10个省份是我国姬松茸的主要产区，其中福建省年栽培面积超过400万平方米，年鲜菇产量超过2万吨，产量占据全国姬松茸总产量高达60%以上，是姬松茸产量最大的省份。

一、生物学特性

（一）生活史

姬松茸的生活史是担子小囊弹出成熟孢子，在温度适宜条件下孢子萌发为初级菌丝，又称单核菌丝，且单核菌丝不能形成子实体，雌雄单核菌丝通过接合生殖方式形成次生菌丝，即双核菌丝，聚合在一起形成菌丝体，在适宜条件下经过桑葚期、珊瑚期、成形期和成熟期后形成子实体，子实体发育成熟后产生孢子。

（二）形态特征

姬松茸的菌丝多为白色，子实体的菌盖多为褐色，呈扁圆形到半球形，直径一般在7—10厘米；菌柄在菌盖的中央，呈圆柱形，中间实心，根部稍微膨大。菌褶在生长阶段呈乳白色或白色，成型之后颜色就会变为褐色或咖啡色。菌肉长1厘米左右。菌盖中间有一定的凸起且表面有明显的金色纹路，成品菌盖表面有一定的粗糙感，子实体完全干透后呈现金黄色。

（三）生态习性

姬松茸是夏秋发生的草腐好气性真菌，属中温偏高菌类，其生长受环境的影响较大，对气温和土壤要求较高，其习性多为好气、喜肥、喜糖，长在高温、多湿、通风的环境中。

（四）环境条件

碳源：姬松茸生长需求的碳源包括可溶性淀粉、葡萄糖和蔗糖等。在生产上，通常将麦草、稻草和棉籽壳等经过堆制发酵处理后作为碳源利用。

氮源：姬松茸菌丝生长需求的有机氮源可选择牛肉浸膏、酵母膏和蛋白胨等。最佳氮源是碳：氮为 30 ：1 的酵母膏，生产上常用菜籽饼粉、家畜粪和尿素等作为氮源。

其他营养物质：硫酸镁、磷酸二氢钾、碳酸钙和过磷酸钙等矿质元素和生长因子是姬松茸生长过程中不可或缺的营养物质。此外，姬松茸栽培过程中需要通过覆土实现有益微生物代谢和物理机械刺激的诱导，从而实现大量分化形成子实体。所以栽培过程中要做好覆土工作。

温度：姬松茸为中偏高温型的菌类。菌丝生长温度范围在10℃—35℃之间，实体发生温度 16℃—30℃，菌丝和子实体的最适生长温度分别为 20℃—27℃，18℃—26℃。

湿度：栽培姬松茸要求栽培料含水量 55%—60%，覆土层最适含水量为 60%—65%。菇棚内菌丝体生长时所需要的空间相对湿度为 70%—75%。出菇期空间相对湿度 80%—95%。姬松茸菌丝生长对水分的需求量很大，培养料在菌丝生长阶段培养料的含水量应保持在 70% 为宜，而子实体生长发育阶段空气的相对湿度保持在85%—95% 之间。

光照：不同生长阶段姬松茸对光照的要求不同，姬松茸菌丝生长需进行暗培养，而子实体的形成和生长发育则需要散射光照，光线不足会造成菇形畸形，光线过强则会使子实体失水，从而影响姬松茸品质。

空气：姬松茸属于好气性真菌，菌丝生长对氧气需求量不大，但子实体发生则需要充足的氧气，因此要保持覆土层的通透性，保证姬松茸在发菌和出菇阶段的正常生长。

酸碱度（pH）：姬松茸菌丝生长 PH 范围较广，在 pH3.5—9.5 的基质中均能生长，但最适 pH 为 6.5—7.5。

二、栽培与管理技术要点

（一）品种选择

目前，姬松茸在我国的栽培种主要有姬松茸 7 号、姬松茸 9 号、姬松茸 11 号、姬松茸 13 号、白 F12、白 F103 和姬松茸 A。不同栽培种的姬松茸对环境条件的要求存在一定差异，在栽培的过程中要根据当地的气候环境和市场需求，来筛选出最合适的姬松茸栽培品种，从而实现种植效益最大化的目的。

（二）栽培季节

姬松茸属中偏高温菌类，一般选择在春秋季栽培，应根据菌种特性、气候条件和栽培设施等条件选择具体栽培时间。

（三）栽培场所

姬松茸室内外均可栽培，可分为床栽与畦栽培。多采用大田搭棚层架式或室内床栽培。选择在交通便利、地势平坦、排灌良好、水质良好的地段搭建菇房（棚），根据栽培规模确定菇房的大小，菇房内床架通常为 5 层，层距为 0.7 米左右，床架间预留 1 米左右的人行道，便于栽培后期的管理和采收。

（四）栽培配方

培养料不论是主料还是辅料，都应选新鲜、不变质、不腐烂的，安全技术要求应符合 NY/T5099-2002《无公害食品食用菌栽培基质安全技术要求》。

配方 1：稻草 60%、牛马粪 29%、米糠或麦麸 5%、尿素 1%、碳酸钙 1%、石膏 1%、石灰 2.5%、硫酸铵 0.5%。

配方 2：稻草 40%、牛马粪 29%、玉米秸 20%、米糠或麦麸 5%、石灰 2.5%、碳酸钙 1%、石膏 1%、尿素 1%、磷酸二氢钾 0.5%。

配方 3：稻草 40%、牛马粪 29%、豆秸 20%、米糠或麦麸 5%、石灰 2.5%、碳酸钙 1%、石膏 1%、尿素 1%、磷酸二氢钾 0.5%。

配方 4：麦秸 60%、牛马粪 29%、米糠或麦麸 5%、石灰 2.5%、碳酸钙 1%、石膏 1%、尿素 1%、磷酸二氢钾 0.5%。

（五）培养料的处理

1. 培养料的准备与处理

稻（麦）草或玉米秆要求新鲜、色泽纯正、无霉烂变黑。先将秸秆（干稻草或麦草）用粉碎机铡成 5—10 厘米长的小段备用。菌渣、杜仲渣、葛根渣等渣料需晾干、粉碎后方可使用。

2. 培养料的发酵

播种前，先稻草、营养料与石灰粉混合在一起翻拌均匀，再加清水翻拌，使稻草充分吸水。培养料含水量应控制在 70% 左右，用手紧握培养料时，手指间有水渗出但不滴下为宜。培养料 pH 值为 7—8。将拌好的培养料建堆发酵，按照一层培养料一层牛粪，先铺一层 15—20 厘米厚的，培养料再铺一层 4—6 厘米厚的粪，再铺一层培养料一层粪，将辅料一起加入，循环堆叠，堆成龟背形，目的是让稻草变软和杀死培养料中的存活杂菌，更有利于菌丝体的快速生长。建堆方式需底宽上窄，横截面堆成梯形状，长不限。堆置 4—5 天，翻堆 1 次，将表面及四周的料翻到中间，使其发酵均匀，补充水分的同时进行翻堆，使其水分保持在 70% 左右，在发酵期间，需观察料温情况，料温应保持在 60℃以下，如果料温超过 60℃时，应立即翻堆散温。培养料堆置发酵完毕后，将料堆疏散开，若料温降到 28℃以下可上畦铺料播种。

（六）菇床制作与播种

1. 菇床的制作

铺料通常采用平铺式，培养料发酵好后均匀地平铺在菌床上，厚度 15—20 厘米，最后用木板轻轻压平、压实。

2. 播种前准备

菌种的菌龄要求在 60 天左右，生命力强，无杂菌感染。

3. 适时播种

应选择适宜的播期，更能有效促进菌丝的萌发。

4. 播种方法

姬松茸的播种方法有多种，但采用较多的是混合穴播法，即先用 2/3 的菌种均匀地穴播在料层上面的 1/3 处，穴与穴间隔 10 厘米，穴深 6 厘米，整平料面后，再将余下的 1/3 菌种均匀撒播在料面上封面，并用木板轻轻拍平，能使菌种与培养料紧密接触。播种量为每平方米 1.5—2 瓶。

（七）播后管理

播种后菇床湿度要尽量保持在 80% 左右，通风换气，以促进菌丝萌发，棚内温度不能超过 30℃。播种后料面及时进行覆土。覆土方法：选择吸水性好、具有团粒结构、空隙多、湿不黏、干不散的田园壤土为好。将 1.5%—2% 的石灰粉充分拌匀，待土用手抓不黏、抓起成团、撒手就散为宜。pH7—8。覆土厚度 2.5—3.5 厘米，均匀覆土，薄厚一致。覆土可分两次进行，第 1 次覆 2 厘米左右厚薄土，3 天内喷雾状水对土层调湿，保持土壤中的含水量在 20% 左右，空气湿度在 80%—90%，温度 15℃—20℃，姬松茸高产优质的关键是严格控制温、湿度。正常情况下覆土 10 天左右土面开始长出菌丝，此时需加大通风换气，播种大约 20 天后菌丝开始钮结，当菌丝长到料的 2/3 时，可进行第 2 次覆土，厚度 1 厘米，选择半干半湿、含水量在 20% 左右的田园壤土，1 周左右将空气湿度增加到 90% 以上，2—3 天后长出大量小菇，菇床进行喷水 1 次，注意使菇床保持通风保湿。

（八）出菇期管理

当小菇直径长到 2 厘米左右停止喷水，若前期喷水较多，流到培养液会影响菌丝的活力，可能会导致菌丝死亡，这种情况可通过通风、打孔等方式进行补救。防止产生畸形菇，空气相对湿度保持在 85%—95%，温度保持在 18℃—21℃，适合子实体生长，低温（低于 16℃）和高温（高于 28℃）都会造成子实体死亡，因此要根据气温变化给菇房适当通风，选择合适的喷水时间，如气温在16℃时，一般选择早上九点之后喷水。整个出菇期可采收4—5潮菇。采收后及时补土、喷水和通风，在采收两潮菇后，可用1%的尿素或复合肥浇喷1次，以提高后期的产量和质量，每潮菇周期在1周左右，出菇期大约3个月。

（九）病虫害管理

病虫害防治是姬松茸栽培过程中的一项重点工作之一，管理不当或不科学的病虫害防治方式都会影响姬松茸产量和质量。胡桃肉状菌、鬼伞类杂菌以及白色石膏菌都是姬松茸栽培过程中常见的病害，不同病害发生原因和防治存在一定差异，可以多方面对病害进行防控：选择通风干燥，水源干净的场所作为姬松茸的栽培基地，对培养料进行严格消毒，保持菌房内的温度、湿度，以利于菌种生长的条件，保持通风良好也能对病害起到较好的防治效果；常见的虫害有菌蝇菌蚊、螨类和菇蚊，通常采用“预防为主，综合防治”的原则，优先采用生物防治，多种防治方式相结合的科学防治方法，生物防治：可选用微生物杀虫剂进行防治；物理防治：选用诱虫黄板、诱虫灯进行害虫诱杀；化学防治：当出现大量螨虫害的时候可以采用磷化铝熏蒸栽培室的方式进行治理。

（十）采收及加工

子实体成熟是以菌盖尚未开伞、表面淡黄色、有纤维状鳞片、菌膜未破裂时采收为好。每天早上采收，用手捏住菇柄轻轻转起，采大留小，严防其他菌丝和小菇松动，采收后将菇脚黏土用小刀削掉，然后用清水漂洗，可根据子实体的大小、质量等进行分级包装，进行鲜销、烘干、盐渍、保鲜、罐头等加工处理。

第二节 双孢蘑菇栽培技术

双孢蘑菇（*Agaricus bisporus*）属于担子菌亚门，伞菌目、伞菌科，蘑菇属，也称白蘑菇或洋蘑菇。双孢蘑菇属草腐生、中低温型食药用菌类。双孢蘑菇的工厂化栽培技术比较成熟，可不受气候变化影响，因其菇肉肥嫩、口感鲜美、营养价值极高，是全世界栽培范围最广、生产量和消费量最大的大宗食用菌之一；各种农作物秸秆和各类粪肥，可作为栽培双孢蘑菇的培养料，各地区栽培发展潜力很大。

双孢蘑菇的营养成分：双孢蘑菇子实体中粗蛋白含量为37.86%，在测定的18种氨基酸中含有17种氨基酸，8种必需氨基酸含量占氨基酸总量的42.30%；必需氨基酸与非必需氨基酸比值（E/N）为0.73。双孢菇中含各种氨基酸类以及较多的甘露糖、海藻糖，所以营养丰富，味道鲜香，据统计，每100克干菇中含蛋白质高达36—40克、碳水化合物31.2克、脂肪3.6克、铁188.5毫克、磷718毫克、灰分14.2毫克钙131毫克和粗纤维6克，另外还含有维生素Vc、B_1、B_2，尼克酸等，由于它的营养比一般蔬菜高，又有“植物肉”之称。另外双孢蘑菇还具有药用价值，能免疫病毒性疾病，据报道所含的毒蛋白和蘑菇多糖具有一定的抗癌活性，可抑制肿瘤的发生，另外，所含的酪氨酸酶还能溶解一定的胆固醇，能在一定程度上达到降低血压的目的，组分中放入胰蛋白酶、麦芽糖酶等能助食物的消化，中医认为双孢蘑菇味甘性平，有提神助消化、降血压的作用。

一、生物学特性

（一）形态特征

双孢蘑菇子实体多群生，少量丛生，菌盖初期球形或半球形，成熟后展开呈伞形，表面白色至淡黄色、光滑；菌柄白色、中生、圆柱形；菌褶密集、离生、窄、不等长，初为白色，后逐渐变为淡粉红色、暗褐色。

（二）生活史

野生双孢蘑菇在形态、生态、生理、遗传等方面具有广泛的多样性。

（三）营养特性

双孢蘑菇作为草腐菌代表，生长发育中利用的碳素营养可通过分解木质素、纤维素和半纤维素获得。而所需要的氮素营养可利用腐熟的牲畜粪。因此，各种各类粪肥和农作物秸秆，可作为栽培双孢蘑菇的培养料。双孢蘑菇子实体分化和菌丝发育的最佳碳、氮比为 17 ∶ 1。

1. 碳源

双孢蘑菇是草腐菌，可以利用的碳源有葡萄糖、麦芽糖、淀粉、蔗糖、纤维素、半纤维素及木质素等，其中大分子物质依靠其他微生物堆置发酵或者双孢蘑菇菌丝分泌的酶将菌料分解为简单的碳水化合物后，方能被吸收利用。

2. 氮源

可利用的氮源有铵盐、蛋白胨、尿素、氨基酸等多种氮源，此外，配制菌料时，除了用粪草等主要原料外，还要按照一定的比例加硫酸铵、尿素以满足双孢蘑菇生长发育所需要的氮源。

3. 矿物质元素

双孢蘑菇生长还需要一定的磷、钾、钙等矿物质元素及铁、钼等微量元素。因此配制培养基时还要添加一定比例的过磷酸钙等化肥和石膏、石灰以保证双孢蘑菇正常生长发育。

4. 生长素

可以直接使用堆肥中生长素（如维生素）含量丰富，这样可以满足双孢蘑菇生长发育的需要。

（四）环境条件

1. 温度

双孢蘑菇属变温结实性菇类，子实体形成需要一定范围的温差变化刺激，在菌丝生长阶段的最适温度是 25℃，至出菇阶段温度需要降至 16℃—17℃，相对低温生长，有利于提高菇的质量。

2. 湿度

双孢菇一生所需要的水分需从培养料、空气、覆土中获得。不同的生长阶段，对水分的要求也不同。在菌丝生长阶段培养料的水分含量应在 62%—65% 之间，培养室内空气相对湿度在 70% 左右。子实体生长阶段培养料水分含量也应控制在 62%—65% 之间，覆土层含水量在18%—20%之间，菇棚内空间空气相对湿度提高到90%，但值得注意的是相对湿度不能超过95%，以免发生细菌性病害；同时也不能低于70%，以防导致菇盖上出现鳞片，甚至龟裂，严重影响双孢菇的商品性。

3. 光照

双孢蘑菇的菌丝体和子实体通常采用暗培养。在黑暗的条件下洁白肥大；但在特殊情况下散射光的条件下也可以生长，但切记不能进行强光照射。若光线太强后，长出的子实体表面硬化，出畸形菇率高，导致商品价值差。

4. 空气

双孢蘑菇为好气性菌类，需要有良好的通风条件，在菌丝体、子实体生长阶段都需要新鲜充足的空气。在出菇阶段，应控制二氧化碳浓度在0.1%以下，浓度过高时形成子实体菌盖小，菌柄细长且易开伞。

5. 酸碱度

双孢蘑菇喜弱碱性，pH值偏酸对菌丝体和子实体生长都不利，且容易产生杂菌。菌丝正常生长的pH值范围为5.0—8.0，最适PH为7.0—8.0，子实体生长最适pH范围为pH5.5—8.0，最适宜的pH值为7.2，覆土的pH为7.5—8.0。

二、栽培与管理技术

双孢蘑菇工厂化生产的一般工艺流程：

备料→预湿→建堆→发酵（1次发酵或者2次发酵）→铺料→

播种→发菌→覆土→出菇管理。

（一）常用培养料配方（重量比）

配方 1：麦秸（或稻草）55%、干牛（马）粪 40%、豆饼 30%、过磷酸钙 0.5%、石灰 1%、石膏 1%，水适量。

配方 2：玉米芯 46%、干牛粪 44.5%、豆饼 5%、尿素 0.5%、过磷酸钙 1%、石灰 2%、石膏 1%，水适量。

（二）培养料堆制发酵

1. 培养料的预湿

将无霉变的稻草或麦秸切成 15—30 厘米长，浸入水中 10 分钟左右后捞出，堆放 1—2 天，每天向表面喷水 2—3 次。

2. 预堆

将预湿 1—2 天后的秸秆堆成宽 2.2 米、高 30 厘米、长 18 米的堆，然后秸秆表面撒一些石灰，用水喷淋一次，使石灰粉完全渗入秸秆内，再撒上适量的碳酸氢铵，然后再铺上一层秸秆，依次类推直至堆完，每次使用的量为碳酸氢铵 4 千克和 石灰 8 千克。

3. 其他料的预湿

秸秆预堆前一天，将牛粪或饼肥先用 1% 的石灰水调湿，含水量测定为手握料，当发现指缝间有水滴 2—3 滴即可。

4. 建堆前的准备

建堆前需将过磷酸钙、石膏、碳酸钙、尿素等粉碎后均匀混合，再与提前预湿好的牛粪和饼肥，充分混合配成混合料。

5. 建堆

一般在预堆后 2 天进行。建堆时含水量测定是手拧秸秆后滴

4—5 滴水为宜。把先预湿后的秸秆铺在地面上，按厚度 30 厘米，长度 18 米，宽度 2.2 米，最后撒上混合料，从第二层开始到第六层每层秸秆厚度均 30 厘米。混合料的用量每次都为总量的 1/6，操作同第一层。建堆高度为 1.8 米，堆顶成龟背形。堆料时要做到的注意事项是底层不浇水，中层少浇水，上层多浇水，一直到料堆周围都有水溢出为止。一般堆料在第 4 天左右，料温会自然升到 70℃左右。堆制后培养料用草帘覆盖，下雨前及时采用塑料薄膜覆盖。

6. 翻堆

建堆后 5—7 天料温达最高温度 65℃—70℃之后开始下降时要进行第 1 次翻堆。翻堆主要目的是让料中氨气散发出去，并把底层和表面料翻在中间，再中间的翻置到两边，每棚料生物农药兑水分层喷匀。如遇雨天要及时用薄膜盖好，雨停后立即掀开，以防氨气过重。第一次翻堆与第二次间隔 5—6 天后，要将里外、上下的培养料进行调换彻底。堆宽度缩小至 2 米，高度、长度不变，每隔 1.5 米插一个粗 12—15 厘米的木棍，待堆重新建完后再拔除，让料堆形成通气口，有利于氨气等浊气的散发。在第 2 次与第三次翻堆间隔 4—5 天，方法同上。翻堆时要将调节 pH 值调整到 7.8—8，偏低时要及时加石灰水，偏高时加清水。当料温超过 60℃时，要每间隔 1.0 米，增加一个排气口。第 3 次翻堆到第 4 次翻堆间隔 3—4 天，使含水量在 65%—70%，每棚用甲醛 1.5 斤兑水均匀喷洒。

（三）进棚前堆制发酵的培养料的质量标准

1. 培养料的颜色应呈棕褐色。

2. 秸秆柔软且具有弹性，要将秸秆和牛粪等原辅料混合均匀。

3. 料的含水量控制为65%，手握一把料指缝间有水印，并有水滴1—2滴的状况为准。

4. pH值应为7.5左右。

5. 且无病虫杂和粪块臭味、酸味、氨味等不正常的气味，具有蘑菇特有的香味。

（四）培养料进棚铺床

1. 入棚前的工作

（1）地床翻新后阳光曝晒并整平地床（中间呈拱状），提前3天喷洒3%—5%石灰水；喷一次0.5%的敌敌畏（或敌百虫），切记不可地湿如泥时进行铺料。

（2）地面可选择铺玉米秸（不铺也可），这样可以增加透气性，可加快发菌速度，同时防止土层的降温过快，也可以在地床上铺一层玉米秸。不用发霉的玉米秸，先扒去叶子后长度和地床宽度一致，再用5%石灰水浸泡24小时浸泡时加入0.2%的克霉灵，捞出沥去表面水，适当晾晒。玉米秸铺好，为防霉可后撒一层石灰粉，另外也可在床面纵横挖沟，能增加透气性。

（3）空棚消毒，每100平方米的棚用硫磺4斤，额外加1—2斤干燥松木屑，混合均匀，喷洒适量酒精，引燃后熏蒸消毒。为达到除虫，也可在里边加0.25千克化学农药一起熏蒸，密封24小时后开窗通风换气。提前1天熏蒸，药品分2—3处点燃熏蒸，以便于扩散到各个角落。

2. 培养料入棚

（1）入棚时间以清晨为宜，另外需注意天气不能太热，刮大风、下雨时切勿入棚。

（2）入棚铺床。底下先铺一层约 3—5 厘米厚的、发酵时间长的麦秸料，然后把麦秸和粪料的混合料均匀的铺在上面，料厚 20 厘米（中间稍拱）稍微平整，不能压实，保证料的厚薄应基本一致。

3. 实棚消毒

铺完料后将菇棚内外打扫干净，棚内不放置无用之物，关闭门窗和通气孔，每 100 平方米用高锰酸钾 1 千克、甲醛 2 千克，分别放在 3—5 个容器中进行熏蒸消毒。在操作方法上，可先放入高锰酸钾，再放入备好的甲醛，由于甲醛遇上高锰酸钾后，反应迅速，随即可释放出甲醛，故都应事先称量好。消毒后，打开门窗和通气孔，进行通风换气至棚内无甲醛和氨臭味，待测定料温稳定在 28℃以下时（约需 3 天）便播种。

（五）播种

1. 播种时间

播种时尽量避开高温天气。若阴天可整天播种，不能拖延时间，尽快播完。若遇气温高的晴天，最好安排下午 4—5 点开始播种，要当天播种完毕。

播种时，以棚温为 22℃—25℃、料温在 24℃—26℃之间为宜，最高不超过 28℃，播种后要每天检查料温，以防温度过高烧死菌种。可挂一般温度计进行温度监测，而料内最好使用医用体温表，以防读错。

2. 播种日期

播种最佳时期一般在 9 月上旬，气温高时延后，低时应提前，厚者应延后，料层薄者应提前。

3. 播种前的准备工作

（1）整理料层和料面：避免料层厚薄不均，料面高低不平，造成发菌程度不一，厚是因为菇子实体串土速度不一，是导致出菇不均匀的主要原因。所以在播种前一定要进行料层整理，达到厚薄一致。

（2）检查料中有无氨气和螨类：氨气会影响菌丝的生长，螨虫会吃菌丝体，这是播种前必须除掉的两大祸害。一般来说，除虫螨应从堆料三翻开始除治效果最佳，播种前操作既麻烦，又会延误了播种时机。故为安全起见，要检查氨气和螨虫。

①检查氨气：用 pH5.5—9 的精密试纸，放在随时挖的料坑中，周围不能碰到培养料。如果 pH 值大于 8 小于 9 表明有氨存在，可喷洒 2% 甲醛；若 pH 值大于 9，表明氨重，要按每一百平方米洒 25—40 千克过磷酸钙细粉，再重新翻料整平料面，已达到消除氨气的目的。氨多必伤菌丝，而且极易长鬼伞，必须清除氨气。

②检查螨类：用干净薄膜铺放在一处料面上，经过 1 小时左右，可检查薄膜上是否附有螨虫。如果发现有，可喷洒 3000—5000 倍的氯氰菊酯或 1000 倍的除虫菊酯，密封 24 小时。严重时要采用磷化铝熏蒸，多层床架棚可按每平方米用 1 片，因其为剧毒，

要严防密封不好而漏气，严防禁止在家院菇棚中使用，严防未散尽而进菇棚作业，要通风散气 24 小时后才可入棚。

③菌种准备：种瓶的外部先用 0.2% 高锰酸钾溶液（或 0.1% 克霉灵或 3% 漂白粉）反复擦洗干净，并在其浸湿棉塞后，用镊子拔出。

4. 播种方法

播种时，按菌种量每平方米 1.5 瓶来计算，若九月下旬播种应 3 瓶。可适当增加播种量，这样可以发菌快且不易污染，而且出菇早、产量高。先将菌种的 2/3 均匀散播在料面上，再用铁叉或竹尖轻轻抖动培养料，使麦粒大小菌种落入 3—5 厘米厚的料层中，再把余下的另 1/3 菌种散播在料面上，用木条轻轻拍动，使菌种紧贴料面，不能有空菌种架。在靠近门帘及通风口等容易干的地方盖上报纸（预先用 0.5% 甲醛喷湿）或地膜，以防料干。

稍干者，可用地膜覆盖 3—5 天，萌发定植后揭掉。

（六）发菌期管理

菌种接触培养料到菌丝长满培养料一般需 20 天左右。播种后 1—3 天内，菇棚（房）内以保温（25℃左右为宜）为主，空气湿度 75% 左右，适量透风为辅。若料面干燥，要采取报纸保湿或喷 1% 石灰水。

播种后 4—6 天，菌丝已在培养料开始生长，此时应以换气为主，小通风为辅，要适当增加通风量，促进菌丝向料内生长，防止杂菌滋生。

播种后 7—12 天为发菌旺盛期，采取的措施应以小通风为主，大通风为辅，促使菌丝快速纵横生长，且形成粗壮菌丝体。若生长不快，可用铁叉适当撬料，可调整增加透气性，促进菌丝生长。当菌丝生长到料层 1/2 时，一般会进行撬料，以加快发菌速度。

播种后 12—20 天为培养料发菌后期，当菌丝长到料层 2/3 时，即可及时覆土。有言道“覆土晚一天，出菇晚十天”，但不能操之过急，若料层菌丝没有发好就急忙覆土，能出早，但产量却不高，因此，“适时土”尤为关键。

（七）覆土

1. 覆土材料的准备

覆土质量直接关系到双孢蘑菇的产量与品质。覆土材料一般选用结构疏松，透气性好，持水性好，具有团粒结构的土。国外多采用泥炭土，其能保持透气和持水力强，是蘑菇高产的重要技术措施之一。生产上常用的覆土材料如砂土、胶泥土、贫瘠土、河堤土、盐碱土均不能用。若取土时，应取 15—20 厘米以下的半活性半深的土，过深的土不会丰产（因土太贫瘠）。表层土通常杂菌多、虫害多、草籽多，也不宜用；如果含盐量超过 0.4%的盐碱土也不能用。可添加 20%—30%泥炭或 10%粉煤灰。土质以黏壤土为好。粗土以沙性壤土为好。

2. 覆土方法

最适宜的覆土时间，一般在播种后第 15—20 天，菌丝发到 2/3—4/5 时。覆土前把菌床再轻压一下整平。覆土时应从菌床的一头开始。撒土时用小容器，如小铁簸箕、小铁铲等，严防不平整，否则易压成坑洞，造成局部覆土过厚。为了覆土厚薄一致，可作三根长方木，高度3.3厘米，正中间放一根，两边各放一根。覆好土后用木板刮平，切不可将覆土层压实。

若菌床高低不平，应随高就高，随低就低，不能用新土填平。覆土时，尽量把大粒土放下边，覆在土面上的长草料尽量除去。覆土后，调水2—3天，土层水分应达到搓得圆，不黏手，手捏有裂口为宜。

3. 覆土后的调水管理

覆土后一般5—7天内不再调水。如若土层达不到手握能圆、手捏能扁、又不黏手的程度，必须在2—3天内把土层调足水分，以达到上述程度。不管如何调水，都绝对不允许让水渗到下边菌料层。一旦淹死料层表面菌丝，或水已渗到料表，由于形成隔层（即料表菌丝退无，麦秸变成黑褐色或黑色），那将会延迟出菇时间和不出菇，因此不可大意。

（八）出菇管理

培养料层发好菌类似农田“播种”，覆土层长出网状菌丝比喻为农田“出苗”；如若仅是培养料层的菌丝生长得再好还不够，还必须覆土层中发好菌丝才能出菇，温度保持在22℃—25℃，相对湿度控制在85%左右，5天之内以虚掩门窗少通风为主，适当通风换气为辅，使培养料中菌丝尽快长出覆土层（也称“吊菌丝土”）。一般情况下，覆土后5天后菌丝便可长入覆土层，此后通风量可逐渐增大，但通风量还要依菌丝生长状态而定。若菌丝细白则通风换气不足，需要增加通风换气次数和时间；若菌丝灰白色则通风换气适中；但通风过量则使菌丝回头倒伏，在覆土层下部深结地雷菇。

故通风与保湿控温间是存在一定矛盾的，因此需要管理者对菇房内菌丝生长的具体情况而具体分析，适时适度进行调控温、水、风等环境因子。

覆土后 15—20 天是管理的关键时期。当菌丝生长到覆土层 2/3 并且土层中有大量菌丝出现（有的地方已出现“信使菇”原基）时，并要及时加大通风量，把棚温调到 16℃—18℃，料温降到 15℃—19℃，同时进行大通风 。

（九）采收与间隙期管理

采收应做到制定采菇计划、培训采菇新手、准备采收工具、明确采菇标准、质控采收过程。

采收标准：菌盖长至 3—4 厘米时应及时采收，以符合出口标准。菌盖直径 3—4 厘米，尚未开伞时及时采收，菇质好且转潮快。

采收方法：准备锋利采菇刀和干净的带排气孔塑料筐，穿戴好工作服、手套、发套；应先采最大朵的菇，留下中等大小的菇，菌膜变薄或菌柄已伸长的菇也须先采，如果发现床面菇多且过于拥挤时，可选择性剔除一些小朵菇。采收时要拇指和食指的指尖捏住预采菇，轻压并旋转后轻轻提起，使菇根脱离覆土，切去菇脚时，应注意切口平，留根长度最长不超过菇盖的半径，留根长度尽量一致，不能带覆土。采收下的菇放入筐中时，应轻拿轻放，菇盖应朝上。

每潮菇采完后清理床面，去除小菇、烂菇、老菇、开伞菇及菇根，床面留出的深洞须用土填平。在采收间隙期，应注意让菇床处于偏干状态，适当提高菇房温度，降低空气相对湿度，加大通风换气，并在菇床上打扦换气，让菌丝恢复生长。经过4—7天间隙期管理，就可采取降温、喷水和通风等措施，促进菇床开始下一潮出菇。

关于防治病虫害，必须预防为主，防重于治，防治兼施。只有搞好后发酵和覆土的消毒，才可防止病虫害的发生。注意菇房卫生，定期向地面撒石灰粉，预防病虫害发生。

第三节 海鲜菇工厂化栽培技术

海鲜菇也叫玉蕈、斑玉蕈，通常称为真姬菇，属于层菌纲、伞菌目、白蘑科、玉蕈属。海鲜菇常见的有灰色和白色品系，属于同一个种。为了便于区分，日本把菇盖上有龟裂美丽花纹的叫做灰色品系，又称之为蟹味菇（图1）；而周生雪白，长度5—8厘米，丛生的白色品系，被称之为白玉菇（图2）。在我国，白玉菇菇蕾形成后，可以通过调控栽培环境的温湿度，尤其要控制栽培库内的二氧化碳浓度，使菇柄伸长至8—16厘米，为了与白玉菇区分开，故将其名改称为海鲜菇（图3）。以上三者单位体积栽培料转化率有所不同，通常海鲜菇转化率高，蟹味菇次之，白玉菇最低。

图 1 蟹味菇　　图 2 白玉菇　　图 3 海鲜菇

海鲜菇肉质细腻，味道鲜美。含有丰富的皂甙，黄酮，总酚，超氧化物歧化酶，胆碱，过氧化物酶等天然抗氧化活性成分物质，粗脂肪的含量比香菇、姬松茸菇等低，其不仅具有较高的营养价值，而且还有重要的食疗和保健功能。在自然条件下，海鲜菇多于春初、秋末、冬季种植为宜，为变温结实性、中偏低温型菌类。着生在山毛榉科、壳斗科及其他阔叶树的枯木、树桩、风倒木上，为典型的白腐生菌类。最先栽培海鲜菇的国家为日本，而中国则是在20 世纪 80 年代中期开始引种栽培并研究。

一、生产周期和栽培季节

蟹味菇、白玉菇、海鲜菇一般生产周期为 110—120 天，其中菌丝生长到后熟期需要 85—95 天，出菇期仅为 20—25 天。根据海鲜菇成熟菌棒既可以耐 38℃以下高温，又可以在自然条件下安全越夏越冬，故每年 9 月份以后到翌年五一之前都是生产海鲜菇菌棒的最佳黄金季节。而在自然条件下出菇时间是秋天，在 10 月上旬至 11 下旬，而春季栽培时间为 3 月初至 4 月上旬。

二、栽培技术

海鲜菇为木腐性菌类，在野生条件下其以山毛榉和七叶树等阔叶树木为营养基质，菌丝可以分解木质素、纤维素和半纤维素，将分解的葡萄糖、蔗糖和淀粉供给自身营养。人工栽培原料主要有棉籽壳、杂木屑和玉米芯等废料，以麸皮、大豆粉和棉籽仁粉等为辅料。添加一定量的微量元素促菌丝生长。因此可因地制宜选择适合海鲜菇生长的最佳培养料。原辅材料应洁净、新鲜、干燥，无虫蛀、无异味、无霉烂，生产用水应符合城市生活饮用水标准。

（一）栽培料配方

配方一：杂木屑 25%，棉籽壳 15%，玉米芯 20%，米糠 23%，麸皮 12%，玉米粉 5%。

配方二：粗木屑 12%，棉籽壳 45%，麸皮 28%，细木屑 13%，石灰 2%。

改良配方：粗木屑 15%，玉米芯 30%，甘蔗渣 12%，棉籽壳 15%，麸皮 13%，细木屑 5%，豆粕 4%，玉米粉 5%，石灰 1%。

（二）栽培料的配制和搅拌

按照配方进行栽培料配制和搅拌，将栽培料的主料和辅料置于搅拌机内，充分搅拌，在搅拌过程中定量加水。海鲜菇培育阶段长达 90—120 天时，此过程水分大量散失，培养料含水量仅为 65%。灭菌前、后栽培料的含水量会有所不同，这与使用灭菌锅的锅型有关。一般情况下，高压灭菌后栽培料含水量会低于灭菌前，为 1%—1.5%，常压灭菌锅则相反，会高于灭菌前 0.2%—0.5%。

（三）栽培料装袋

为了控制栽培料灭菌前微生物自繁量，搅拌时间应控制在30—40分钟内，随后立即进行机械填料，尽量保证从开始搅拌到栽培包进入灭菌锅的时间在2.5小时内。料袋选用规格为聚丙烯袋，对折口17厘米×33厘米×0.005厘米—18厘米×33厘米×0.005厘米的，每袋填装料折干重0.5千克左右，高14—15厘米，料长13厘米的塑料打孔棒、中间预埋孔径2.5厘米，拉紧套环，盖上无棉体透气型塑料盖。

（四）灭菌

将料袋装入高压锅内高温高压蒸汽灭菌。电脑控制灭菌进程：（1）料袋进锅后温度上升至105℃保温30分钟。（2）继续升温至115℃保温30分钟。（3）升温至121℃，压力1.18×10^5—1.47×10^5Pa（1.2—1.5千克/厘米^2），保温240分钟。

（五）接种

工厂化栽培培养料灭菌后，及时进入预冷室冷却，打开排气风机（窗），将湿热的气体排出，待菌袋料温降到25℃左右方可接种。接种时按无菌操作进行，选用菌丝生长健壮、抗逆性强的适龄菌种。液体菌种接种量控制在15毫升/袋。固体菌种菌料最好选杂木屑或棉籽壳，固体种用量应占栽培干料重的7%—8%。能保证海鲜菇正常出菇。

（六）菌丝培养

菌丝的培养分为三步：一是把接好种的菌袋移入培菌室（棚）。二是水、温、光、气四大因素科学控制，菌袋中间温度控制为

25℃—27℃，空气相对湿度控制为60%—70%，暗光培养，保持室（棚）内空气清新和适宜通风。三是从接种后第10—15天开始翻堆检查，观察菌丝的长势情况及有无杂菌污染，若有杂菌污染时，应及时处理。当有50%菌袋长满菌丝时，翻堆后把长满的袋分开，对其长满日期做好标记，进行分类管理，一般30—40天菌丝能长满菌袋。

海鲜菇菌棒具有经后熟就能出菇的特性，当菌袋菌丝长满后应进入后熟期管理。温度控制为20℃—30℃，最适温度25℃—27℃，最高不能超过38℃，也要防止温度低于20℃以下对出菇的影响。后熟时间一般要求40—50天以上。

（七）出菇管理

在环境适合下，海鲜菇菇蕾发生后7—15天即可采收。自然栽培一般可采两潮菇，但第一潮占总产量的70%—80%，工厂化栽培一般只采收一潮菇。当菌袋经后熟培养即可达到生理成熟，此时，菌丝开始扭结成菌丝束，并伴随黄色分泌物形成。拔掉菌袋塑料盖和套环，袋口需向外翻卷至料面上方2厘米处，用消毒后的搔菌耙轻轻地耙去培养料表面0.4—0.6的老菌皮。及时转移至出菇室管理出菇，温度保持在13℃—15℃，保持空气相对湿度90%—95%、二氧化碳浓度2000mg · L^{-1}以下、每天保持200Lx光照连续照射6—8天。经7—8天后料面菌丝扭结形成针状菇蕾，当菇柄伸长至1.5—2.0厘米时，温度控制在13℃—14℃、每天保持200lx光照连续照射6—8天、空气相对湿度85%—90%、二氧化碳浓度2000mg · l^{-1}—2500mg · l^{-1}。3—5天后菇蕾尖端会形成直径0.5厘米大小的圆形菌盖。当菌盖直径达到 0.5—0.7 厘米时，应立即缩短通风时间，逐渐增加二氧化碳浓度到 3500—4500mg · l^{-1}，从而抑制菇盖生长，可促使菇柄快速长长，5—7 天后即可进行采收。

（八）采收

适时采收及按分级包装销售是实现海鲜菇商品价值的重要环节。当海鲜菇的菌盖呈现半球形与直径长到 1.5—2.0 厘米，菌柄长到 11—13 厘米时就可以采收。采收需要轻拿轻放，以防止菇柄折断和菇盖碰碎，从而影响商品性能。商品菇要先运输到包装车间进行预冷，按 GMP 标准，保证食品生产过程的安全性；同时防止异物、微生物的污染。海鲜菇商品菇应先去根，再根据菇盖大小进行分类包装，如加真空袋抽真空充氮气包装 150 克托盘；或者加保鲜膜包装 150 克塑料碗；或者用 2500 克低压聚乙烯袋抽空气包装。外包装采用泡沫箱 20 千克装或纸箱 20 千克装。然后在内外包装上贴上商标，记录生产日期以及批量号存档。

第四节 秀珍菇栽培技术

秀珍菇（*Pleurotus geesteranus*）又名袖珍菇、环柄侧耳、环柄香菇、环柄斗菇、肺形侧耳、黄白侧耳、姬平菇、小平菇、迷你蚝菇、珊瑚菇等。秀珍菇其实是凤尾菇的一个商业名称，是凤尾菇的未成熟子实体。秀珍菇原产于印度，生长于罗氏大戟树桩上。秀珍菇朵小形美，鲜甜爽口，质地细嫩，营养丰富，鲜菇富含蛋白质、维生素和微量元素等，拥有人体所必需的8种氨基酸，备受消费者青睐，因市场售价高，且易栽培，效益显著。适合秀珍菇栽培的地区是热带和亚热带地区。菌包经打冷刺激后就可以在高温季节成批整齐出菇，为便于人工控制出菇时机，可采用低温刺激处理，这样既能满足夏季食用菌出菇淡季的市场需求，又能获得较好的经济效益，有良好的规模化、商业化生产特性。目前我国秀珍菇生产以夏季设施栽培为主、春秋自然季节生产为辅，可进行周年生产。大多是袋料出菇栽培，工厂化栽培也有一定比例。秀珍菇是一种栽培量渐增的新兴食用菌，市场需求量日益增加，发展前景广阔。

一、生物学特性

（一）分类

秀珍菇属于真菌门、担子菌纲、伞菌目、侧耳科、侧耳属。

（二）形态

秀珍菇幼菇菌盖呈灰白色，子实体多为丛生，少为单生，朵小形美，菇盖直径小于3厘米，有浅灰色和乳白色两种。菌褶、菌柄呈白色，菌柄多为偏生，少近于中生。菇柄粗壮，短于5—6厘米，中实、色白。秀珍菇与普通的凤尾菇相比，菇形较小。

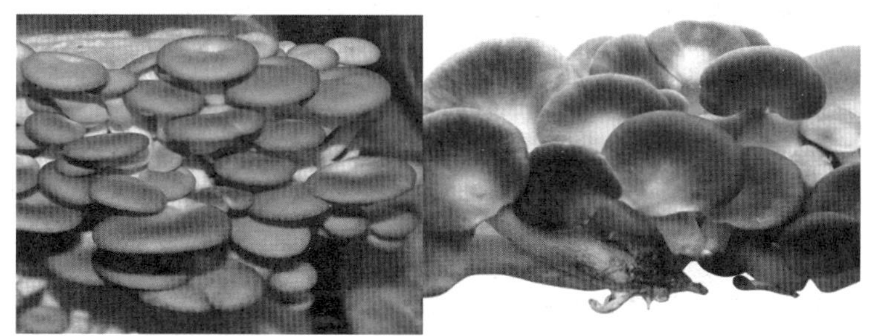

秀珍菇

二、栽培条件要求

（一）营养

秀珍菇为木腐菌，对纤维素、木质素、半纤维素具有较强的分解能力。生产中常用主料为阔叶树木屑、玉米芯、棉籽壳及农作物秸秆等，辅料主要有米糠、麦麸、石灰、石膏等。配料时要控制好培养料的碳、氮比，为获得优质和高产的秀珍菇创造适宜的营养成分。

（二）温度

秀珍菇为中高温型菌类，其菌丝生长温度为10℃—35℃，最适温度为22℃—25℃。温度低于10℃，菌丝停止生长，高于30℃菌丝生长稀疏，易老化，色泽变黄。子实体生长温度范围在10℃—32℃下均能出菇，最适温度为15℃—20℃。温度低于10℃原基少，低于15℃子实体生长缓慢。反之，温度高于25℃后，菇蕾生长加快，子实体较疏松，成熟早，色泽淡。出菇阶段，10℃以上的温差刺激能有效促进子实体原基的分化。

（三）水分与湿度

菌丝体生长阶段，培养料含水量应控制在 60%—65%，培养室内空气相对湿度为 65%—70% 左右；而出菇阶段的菇房内空气相对湿度要保持在 85%—90% 为宜。湿度低于 70% 则会造成原基不易形成，子实体宜干枯，若湿度大于 95% 时，原基或子实体则宜变软腐烂，导致病虫害高发。

（四）空气

秀珍菇为好气性菌类，菌丝体生长及子实体生长阶段都应具有良好的通风换气条件，氧气不足则会导致菌丝体生长缓慢或感染杂菌概率加大，也会导致子实体畸形、病害发生。但在出菇阶段，适当的二氧化碳浓度可提高秀珍菇子实体的品质。

（五）光照

发菌阶段不需要光照，完全黑暗的条件下菌丝能正常生长。但在出菇时，则需要给予适量的光照刺激来激发原基的发生。另外光照还对子实体品质造成很大影响，光照度较强时，菇盖颜色深；光照度偏弱时，菇盖颜色变浅。若菇房内光照强度过大时，会影响子实体生长或导致菌盖变大、菌柄粗短的畸形菇出现，影响商品菇等级。

（六）酸碱度

秀珍菇适合在偏酸性或中性环境条件下生长。故培养料最适宜的 pH 值为 6.5—7，生产上常采用 1%—2%生石灰调节培养料的

pH 值，这样可促进菌丝生长，还可抑制夏季高温期间霉菌生长。

三、栽培措施

（一）栽培季节

秀珍菇为中偏高温型菌类，自然条件下出菇温度范围在 15℃—32℃，春、秋季节均可正常出菇，出菇范围广，为使制种过程不受杂菌感染可节约能源，选择在菌丝最适生长的温度范围内进行制种，一般在入秋后气温开始下降时制种最好。秋栽一般安排在夏末秋初开始生产，9—10 月上旬接种菌袋，发菌培养约 35 天，至 11 月中旬开袋出菇，出菇可延伸至次年 4 月。低海拔地区秋季气温较高，可延后 25—30 天接种。春栽于 1—2 月制栽培袋，4—6 月出菇。为了适应市场需求，缓解夏季菇类市场淡季，据秀珍菇在原基形成后，能在较高温度条件下生长发育的特点，开展反季节栽培，在夏季 35℃以下高温季节时可采用制冷设备进行设施化管理，仍能正常出菇，近两年内因发展反季节秀珍菇栽培，获得了良好经济收益。反季节栽培菌袋可安排在 3 月中旬至 4 月底制作，6—9 月出菇。防止制袋时间过早和过迟，过早易异常出菇而造成营养损耗，进入 5 月温度回升快、自然湿度高，过迟则易造成杂菌对菌袋的污染。

（二）栽培场所

栽培秀珍菇的场地要求地势较高，交通方便，环境清洁，水电方便，通风良好，要做到远离污染源。尽量创造有利于菌丝生长而不利于病菌生长的良好环境与生长条件。应防止因菇场培养料堆制发酵及废弃物处理对生产环境产生不良影响。可利用房屋、山洞、蔬菜大棚、防空洞及林下等作为栽培出菇场地。为防菇蝇、菇蚊等害虫对其造成危害，菇房门窗均应使用防虫网封闭。夏季高温反季节栽培时，需配备一个小型冷库，作为高温季节秀珍菇出菇时所需温差刺激的场所，也可用于秀珍菇的商品保鲜储存。

（三）栽培技术

1. 栽培料配方

多数原料均可用于秀珍菇栽培，平菇能利用的原料均能栽培秀珍菇。如棉籽壳、玉米芯、木屑作物秸秆等都能作为栽培原料。一般木屑选用桑、杨、柳等软质树木或枝条栽培效果最佳。木屑要利用专门的粉碎机械加工，具有一定颗粒度，也不能全为粉状，这样能保证培养料的通透性，更利于菌丝生长。另外可添加约 30% 的棉籽壳或玉米芯达到增加通透性的目的。辅料应选择适当添加部分无机氮源和有机氮源，可促进菌丝体健壮生长，主要可用玉米粉、麦麸、米糠。可适当添加适量的禽粪便或各种饼肥，这样可增强出菇后劲。

（1）木屑 78%，玉米粉 5%，麦麸 15%，石膏 1%，石灰适量，磷酸二铵 0.5%—1%。调 pH 为 7.5—8。

（2）木屑 78%，饼肥（或干禽粪）5%，麦麸 16%，石膏 1%，石灰适量。pH 值 7.5—8。

（3）棉籽壳 50%，麦麸 10%，木屑 35%，石膏 1%，饼肥 4%，

石灰适量。pH 值 7.5—8。

（4）玉米芯 60%，麦麸 15%，木屑 20%，玉米粉 4%，石灰适量，石膏 1%。pH 值 7.5—8。

2. 制袋接种

秀珍菇选用栽培袋规格通常为 17 厘米 ×33 厘米、20 厘米 ×40 厘米、18 厘米 ×36 厘米的耐高温聚丙烯或聚乙烯塑料袋。要求厚薄一致，有一定拉力。厚度要求为 4—5 丝。养料配方配制是称取各原料，据一定比例混合均匀，后加入石灰水、清水入料混匀，含水量约 60%—65%，判断方式为用手抓一把培养料，稍微用力，指缝间现不下滴的水珠，因为培养料过干或过湿均会影响菌丝体生长和子实体发育。原料一定要求充分搅拌均匀，不允许有干料存在，这样会造成灭菌不彻底，感染杂菌。拌好的原料应将 pH 调节到 7.5—8；同时堆闷 0.5 小时，开始装袋。高温季节时提高成品率，可将培养料进行预发酵处理，后再装袋灭菌。

装袋应要求松紧适度，宁实勿松。将装好的菌袋放入周转筐，迅速进灶灭菌，如大规模生产时可采用常压灭菌。当灭菌锅内温度达到 98℃—100℃应维持约 10 小时后停火，待温度降下后出灶转运至接种室。接种室要求清洁卫生，要先采用灭菌杀虫处理。待料温冷却至室温，可移入接种箱灭菌 0.5 小时以上，随后进行接种。接种需严格检查菌种，菌种须适龄，菌丝生长均匀，洁白健壮，无其他菌感染。严格按无菌操作流程进行接种。菌袋接种完后，立即转入培养室养菌。此期间各环节的搬运都要轻拿轻放，以防野蛮装卸致菌袋破裂或出现微孔，造成杂菌感染。

3. 菌丝培养

秀珍菇菌丝培养要求避光环境，通风换气好，另外空气相对湿度控制在 65% 左右。发菌管理期间最重要的是控制适宜温度，菌丝体生长最适宜温度为22℃—25℃，低于 10℃以下菌丝生长停止，高于 28℃以上菌丝体生长迅速，会导致菌丝变得稀疏和老化。发菌期间要根据外界气候变化，另外室内应具有良好的空气环境，故需调控室内温度与通风。当外界温度偏低时，要在温度较高时段进行通风换气，以提高室内温度；当温度偏高时，要在早晚温度较低的时段选择通风换气，要及时排出室内热气，使外界冷空气进入室内，以达到降低室温的目的。发菌阶段通常每隔 7—10 天进行翻堆一次，以便检查菌丝生长及杂菌感染情况。翻堆时应注意菌袋要内外、上下倒换位置，以利于菌丝平衡生长。要控制好培养室内温度，并调整堆垛高低，以防烧菌。一旦发现杂菌感染时，要及时查找原因，并采取对应措施及时处理。环境条件适宜下，经过 30—40 天，菌丝即可发满菌袋，长满后再经后熟培养 15 天，即可进行出菇管理。

4. 出菇管理

秀珍菇子实体的形成、发育与环境温度、湿度、通风和光照等密切关系。要想优质高产，秀珍菇子实体需按以下要点进行栽培管理。

（1）温度管理

秀珍菇原基的形成需要约上下 10℃的温差刺激，要想菌袋出菇整齐，产量高，就要创造温差条件。春秋季节自然温差较大，因此不用去创造温度差。若为了抢占夏季鲜菇市场，获取较高经济效益，可发展夏季高温反季节栽培出菇，为了高温反季节出菇成功与高产，须创造适宜的低温刺激环境，因此可建立一个小型冷藏库。库体容积可根据栽培量来确定。每天安排一个菇房的菌袋量进入冷库进行温差刺激处理；先将后熟的菌袋转入周转筐放入冷库内，库温要尽快降到 8℃—10℃，并持续约 10 小时。一般可在每天下午整理进库，次日上午出库转回到菇房。以此类推，重复以上步骤，可有效增加冷库的利用率。

经温差刺激后的菌袋移回出菇房后，应根据外界自然温度调整室内温度，尽量保持在 15℃—25℃之间。若室内温度低于 10℃就要采取加温措施，高于 30℃以上则需采取降温措施，可通过地面浇水，空间喷雾或棚顶喷水，以及在棚顶架设置遮阳网等措施来及时降温。秀珍菇出菇前期需要温差刺激，若出现菇蕾后就不要再有大的温差刺激，否则会造成菇蕾死亡。因此一旦菇蕾形成后，就要将菇房温度恒温在 20℃。

（2）湿度管理

秀珍菇长势迅猛，出菇密集，转潮快，潮次多，因此对水分的消耗量大。为了保证产量与品质，得保证菇房内相对湿度和菌袋里的水分。当菌袋进入出菇房后，需将菌袋沿着颈圈割去塑料膜，同时刮去肥大的原基和原来老化的菌种，菇房内空气相对湿度应保持在 90% 左右，持续 3—5 小时以上。自二茬菇开始后，要进行温差刺激，对菌袋进行补水操作至最大限度，结合地面灌水与空中喷雾两种方式，使空气相对湿度控制在 85%—90%。但菇房空气相对湿度不宜长期处于 90% 以上，否则会造成病害高发。一般在适宜的湿度下，3—5 天即可现菇蕾，此时不能直接向菇蕾喷水，会造成菇蕾死亡，应等子实体菌盖直径达 1 厘米 以上时，菇柄伸长达 3—4 厘米以后，用喷雾器向子实体喷雾。坚持细喷和勤喷。最好结合通风进行喷水。尽量不要喷施“关门水”，会造成菇房内湿度过大，氧气不足，导致病害发生严重。总之出菇期间湿度和水分的管理措施为看菇喷水，看天喷水，晴天风天多喷，雨天少喷或不喷。温度高时多喷水，多通风。温度低时少喷水，少通风。

（3）空气

秀珍菇生长对空气有特殊要求。商品秀珍菇当菇柄长 5—7 厘米后菇房室内二氧化碳浓度决定着秀珍菇菌柄的长短，因此为满足市场对较长菌柄的品质要求，应适当减少通气，提高二氧化碳浓度。在子实体生长期间，一般适当减少通气，在菇房内利用薄膜分隔成若干小区后，将菌墙或床架用薄膜罩起来，要根据菇形生长状态，来控制罩膜的闭开程度。若菌柄短、菌盖大时，则适当封闭盖膜。反之菌柄过长，菌盖太小时，就要适当揭起薄膜，加大通气量。通风换气一定要据子实体生长状况灵活调控。如菇房内严重缺氧，则会导致病害发生严重。各关于控制菇房氧气的方式很多，如采用半地下式菇房，工厂化机械设施控制氧气含量，因地制宜选择合适使用方式。

（4）光照

秀珍菇子实体生长期间需要适量光线。原基形成和分化需散射光诱导，完全黑暗条件下子实体不能发生。光照应控制在 200—800lx，子实体生长正常。光线过暗则易形成畸形菇，光线过强，尤其是直射光，则会导致子实体干枯停长，或者形成柄短、盖大的次品菇。所以要通过子实体生长阶段和生长状态的情况灵活调控光照。

（四）采收与采后处理

1. 采收

一般通过 5—7 天的管理，秀珍菇子实体菌盖平展，边缘内卷，菇盖直径为 2—2.5 厘米，此时即可开始采收。采收时非丛生密集的菇体，要采大留小，丛生密集的菇体可整丛采下。

采收菇体要及时进行分级，包装。目前秀珍菇的市场分级标准如下：

一级菇：柄长 4—6 厘米，菌盖直径 2—3 厘米，菌剪去老化根，菌盖灰白或褐色，无裂边，菌柄白色，含水量达 85%，且无任何发黄、农药残留等异常情况；二级菇：菌柄长 5—7 厘米，菌盖直径 3—4 厘米，菌柄不带残渣，可有少量菇裂边，含水量在 80%—85%之间，无其他异常情况；等外菇：菇盖直径超过 4 厘米，菇脚较长，容易裂边或未经过分级的秀珍菇也被视同等外菇。

2. 后期管理

采菇后，要及时去除料面老化根和枯死的菇蕾及幼菇。出现以上状况时最易遭受虫害危害，因此需要直接刮至露出新鲜培养料为止。采收完一潮菇后，应当天全部清除干净。清理菌袋完毕后，停止向菇房喷水，应加大菇房通风换气 1—2 天。保持室内湿度约 70%，养菌 3—5 天，让菌丝迅速恢复生长，及时调节用水，进入下一茬菇的出菇管理。

第二潮菇出菇前需对菌袋进行浸水或注水，浸水注水一般可使菌袋增水 100—200 克，可为下一潮菇水分充分提供保证。出现霉菌的菌袋时最好能分开处理，防交叉感染。随后立即放入 4℃—8℃的冷库中，给予 24 小时低温刺激，另外也抑制杂菌。秀珍菇明显的潮次的获得，须对栽培菌袋进行低温刺激处理。低温刺激期间可对菇棚进行清洁处理，可采用杀虫剂控虫。从冷库中搬出菌袋后，尤其要注意保湿管理。待菇蕾再现后，管理同第一潮，此时及时通风与保湿显得尤为重要。第三、四、五及六潮等的管理同二潮管理，技术关键是养菌与补水要协调。

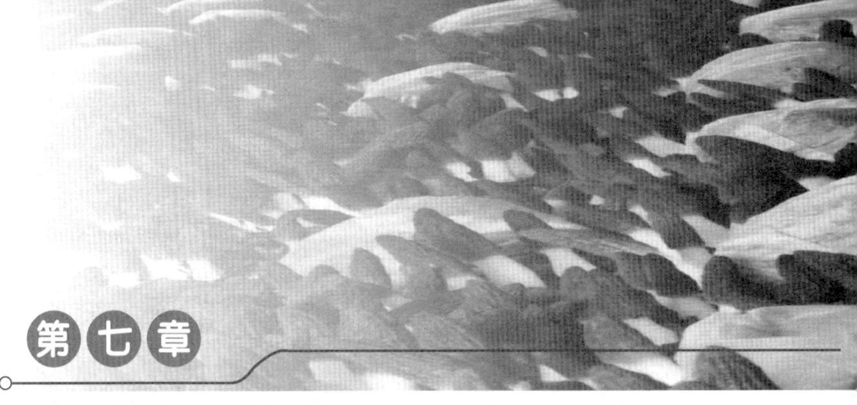

第七章 食用菌加工技术

食用菌是一类含有丰富蛋白质、多糖及微量元素的菌物性食品，是除植物性食品和动物性食品之外的第三类食品，也是全球公认的健康食品。近年来，随着食用菌产业的蓬勃发展，我国食用菌产量已达 3712 万吨，全球产量占比 70% 以上，是仅次于粮食、蔬菜、果品、油料的第五大产业。但大多数食用菌在采收和贮运过程中极易受到不同程度的机械损伤，从而导致产品色泽、质量受到严重影响，这主要归因于食用菌含水量高、组织细嫩等特点。据不完全统计，每年以亚新鲜状态进行销售和食用的食用菌占总体的 30% 左右，因失去商品品质而丢弃的食用菌大约有 10%，因处于亚新鲜状态和食品品质较低另有 15% 左右的食用菌以极低价格处理。此外，15%—30% 的食用菌被作为废弃物处理，这些食用菌包括失去商品价值的菇根、菇脚、碎菇及畸形菇等。因此，若只注重栽培和鲜菇销售模式会严重阻碍我国食用菌产业稳定和健康发展。很显然，目前看来该问题已经成为推动我国食用菌产业持续稳定健康发展的瓶颈问题。由于食用菌鲜销市场价格不稳定，因产品贮藏保鲜时间过短而导致产品品质参差不齐等问题使得食用菌企业减产、不产甚至破产的情况屡有发生。因此，对食用菌产业的供给侧进行改革的举措迫在眉睫，通过调整食用菌鲜销比例、合理开发食用菌加工产品，能减少食用菌产品的经济损失、延长产业链、增加产品附加值，这是食用菌产业稳定、健康、持续发展的一条必由之路。而目前我国食用菌以鲜销形式为主要市场，加工产品仅占比6%，且大都以简单的干制和盐渍为主，加工比例远低于美国、日本、西欧等加工比例高达75%的发达国家。基于上述讨论，本章主要介绍关于食用菌的贮藏保鲜、干制、盐渍、罐藏、调味品、主粮等深加工技术。

第一节　贮藏保鲜技术

新鲜食用菌水分含量高，组织鲜嫩，菌体表面疏松多孔，皮层较薄，缺乏保护，且具有较高的呼吸强度。食用菌这一系列特点导致产品在采收和贮运期间极易出现失水、开伞、损伤、褐变、腐烂等品质劣化现象。因此，如何延长食用菌贮藏保鲜货架期，保证食用菌品质，已经成为制约食用菌产业发展极其核心的瓶颈问题。

近年来，各种贮藏与保鲜技术不断涌现，这给食用菌行业的贮藏保鲜技术的发展注入了新的力量，带来无限活力与生机，现阶段有四种主要的食用菌贮藏方法：普通冷藏、气调贮藏、减压贮藏和冰温贮藏。

一、贮藏原理

普通冷藏。主要是指在0℃—10℃环境条件下进行贮藏的一种方法。主要通过低温的作用抑制各种酶的生物活性进而抑制腐败微生物的繁殖和食用菌的各项生理活动，从而达到减缓食用菌的呼吸作用、延长食用菌贮藏保鲜货架期的目的。该方法技术既简单易操作，又不受各种条件的限制，是目前人们广泛使用的一种方法。

气调贮藏。以低温贮藏为基础，通过合理控制环境中氧气、二氧化碳及其他特殊气体的含量，创造更好的贮藏保鲜条件进而达到贮藏食用菌的目的。该方法在低温抑制酶活性的同时，又适当调整菌体所需气体的量，在一定程度上降低食用菌呼吸强度、减少水分蒸发和抑制其他腐败微生物生长的作用，是维持食用菌低生命力的一种贮藏技术。

减压贮藏。是一种特殊的气调贮藏方法，是在低温贮藏和气调贮藏的基础上进一步发展的。食用菌在低压环境条件下，呼吸强度减弱，周围空气中氧气的含量较低，贮藏期间对产生的乙烯、乙醇等不良气体进行及时处理，阻止不良气体积累，从而达到长期贮藏的效果。相较于上述两种贮藏技术，减压贮藏技术效果更佳，在保鲜技术领域，我国的减压贮藏技术极具国际领先和推广应用优势。

冰温贮藏技术。是指从0℃到生物体冻结为止的温度范围内，食用菌的多种化学成分如氨基酸、蛋白质、盐类、多糖等成分的冰点低于纯水。因各种天然高分子化合物以空间网状结构形式存在，这使得水分的移动和聚合受到一定的阻碍、避免冻结，食用菌的细胞得以保持活性。另外其呼吸作用等代谢活动被抑制，衰老也显著减慢，通过保持食用菌细胞活性，延缓衰老时间达到食用菌贮藏保鲜效果。该技术是目前发展迅速的第三代贮藏保鲜技术。

二、贮藏保鲜案例

①1±0.3℃，用最佳工艺参数为5%的氧气，8%二氧化碳的MAP贮藏保鲜技术保藏鸡腿菇。

②0℃—6℃，大多数食用菌适合相对湿度为85%—90%的贮藏条件。

③冷藏条件下，采用袋内气体比例氧气：二氧化碳：氮气为10：40 ：50的HDPE袋包装，保鲜花菇的效果最好。

第二节 干制技术

干制技术又称干燥技术、脱水技术，是指使用各种方法除去食用菌内的水分，使得食用菌内部的环境不利于腐败微生物的生存，继而使食用菌得以长期贮存的一种贮藏技术。干燥的食用菌其体内水分含量一般约占总含量的12%，有效延长贮藏货架期且不易变质。食用菌的干制技术既具有简单易操作、成本低等技术优势，同时，部分食用菌经干制后其食用价值优于新鲜子实体，如香菇经风干后风味、色泽高于新鲜子实体，商品价值更高。在干制过程中，一些菇体色泽变黑，营养价值下降，这是因为在高温条件下，菇体中的部分生理活性物质、可溶性糖及维生素类不耐受。

一、干制原理

食用菌的干制原理：一是通过菇体表面的水分汽化，二是通过菇体内部水分向菇体表面扩散，两条途径同时进行达到干制的目的。生物体内的水分由自由水和结合水两个部分组成，自由水约占体内水分的 95%，具有流动性易蒸发的特点，结合水只占比 5% 左右，不流动不蒸发是生物体细胞的结构部分，因此，在干制过程中，菇体自由水容易除去，但结合水难以除去。随着自由水的丢失，可溶性固形物浓度增加，其渗透压也随之增加。在低水分活度、高渗透压的条件下，附着在菇体中的腐败微生物难以生存、菇体酶的活性也受到抑制，从而实现食用菌长期贮存的目的。

二、干制方法

食用菌的干制方法主要有自然干燥及机械干燥两种。

（一）自然干燥

自然干燥是借助太阳光的热能和自然风力使菇体内的自由水蒸发而收获干燥菇体的自然干燥方法，具有使用历史悠久、无须特殊设备、成本极低的特点。但这一干燥技术高度依赖适宜的自然条件且干燥条件不可控，所以不适用于食用菌干制的规模化、标准化。自然干制一般流程是将洁净的子实体均匀轻铺在竹帘、苇席等宽敞的工具上，置于阳光下自然风干。可将竹帘或苇席适当倾斜，增加阳光直射面积以利于晾晒，并且晾晒期间还需不时翻动子实体，移动晾晒的位置，以促进子实体干燥彻底。一般情况下自然干燥食用菌约需 3 天左右时间，实际干燥时间还需根据实际干燥情况灵活调整。

（二）机械干燥

机械干燥是食用菌企业通过建设烘房、置备一套烘干设备进行大规模化干制的技术手段。机械干燥流程是将鲜菇置于烘箱烘房，以炭火、热风、电热或红外线等作热源对食用菌进行干制。机械干燥具有干燥快，省工，省时，质量好，不受自然气候条件影响等特点，多种食用菌可借助该技术进行规模化、标准化干燥。但在机械干制时也需严格控制好从采摘至干制的每一环节，确保食用菌干制品的品质质量。

三、干燥案例

香菇机械干燥技术：

采摘（采前不得喷水）—摊晾（平放在竹帘或苇席）—修剪—分级—预热（38℃—40℃）—干燥（38℃—40℃，1—4 小时；50℃—53℃，12—16 小时；启动排风系统）—成品（顶部坚硬，碰撞时发响）

羊肚菌热风干燥技术：

初烘（温度 35℃，湿度 70%，3 小时）—升温排湿（40℃—45℃，湿度 55%，2 小时）—强化烘干排湿（温度 50℃，湿度

35%，2 小时）—高温干燥（温度 53℃—55℃，湿度 15%）—回软（空气中静置 10—20 分钟）—贮藏（袋中装一小包 NaCl）

第三节 盐渍技术

一、盐渍原理

盐渍食用菌又名盐水菇。将一定浓度的食盐通过渗透至菇体内部组织内，提高菇体内部组织间的渗透压，降低其水活度，在高渗透压、低水活度的菇体组织内，腐败微生物的生长受到抑制，从而达到防止食用菌腐败变质的效果，其商品价值得以保持。据报道，产生 610kPa 的渗透压仅仅需要 l0g/L 的食盐溶液，而盐水菇的食盐浓度高达 350g/l，可产生 20mPa 以上渗透压，菇体内外极高的压力差致使菇体内的水分和可溶性物质渗出，食盐水渗入固体组织内部，当菇体内外盐浓度达到平衡时，菇体内部将维持较高的渗透压。普通的腐败微生物及有害微生物细胞在高渗透压作用下，发生质壁分离的现象，这时微生物处于假死或休眠状态，随着时间的推移致菇体内的腐败微生物逐渐死亡，进而达到防止食用菌腐烂变质、保证盐水菇品质质量的效果；另外，高浓度食盐发生解离，产生高浓度 Na^+ 和 Cl^-，食用菌出现单盐毒害状况，在一定程度上也抑制了腐败微生物的生理活动，阻止食用菌腐败的发生。

二、盐渍工艺

（一）选料

选择新鲜、无损伤、当天采收的食用菌。

（二）漂洗

配制5%—6%的食盐水，洗涤菇体，除去表面的杂质，接着用pH值4.5、浓度约0.05mol/l的柠檬酸溶液再次漂洗菇体，以防止多酚氧化酶利用酪氨酸氧化造成菇体色泽变深或形成黑色色素。

（三）杀青

上述漂洗后的菇体，置入低浓度盐水中煮沸，使菌体细胞细胞膜上的膜蛋白变性，菇体细胞膜暂时失去其特定的控制物质进出细胞的功能，使得盐水快速渗入菇体组织内，进一步达到抑制菇体生物酶活，防止褐变的目的。同时，高温导致菇体细胞细胞膜结构发生改变，功能丧失，子实体因此失去原有的生理作用导致的开伞现象发生，并依据菌盖直径对整个菇体进行分级。

（四）制备盐渍液

水与食盐按10∶4的比例混合均匀，直至食盐完全溶解（波美度约为23波美度），再向盐溶液中加入少量明矾混匀后，取上清液8层纱布过滤得到清澈透明的饱和食盐水，备用。另行配制：柠檬酸50%、偏磷酸钠42%、明矾8%，混匀后加入饱和食盐水中，并用柠檬酸调整pH值为3—3.5，煮沸后冷却制得饱和食盐水。

（五）盐渍

经杀青、分级、沥干的菇体，按 100 千克菇体加入 25—30 千克逐层盐渍。流程首先在缸底放一层食盐，再放一层 8—9 厘米的菇，逐次层盐层菇直至满缸，表面覆盖一层盐，然后在缸内注入饱和食盐水。加一层竹片或木条制成的盖帘盖在缸表面作隔层，压上一块大石头以使菇体浸没在食盐水中。前期，3 天倒缸一次，中后期时，5—7 天倒缸一次。盐渍期间，需用波美比重计实时监测盐水浓度（23 波美度），低于 23 波美度则及时倒缸。

（六）装桶

盐渍 20 天后将菇体捞出并沥干盐水（具体腌制时间根据实际情况上下浮动 1—2 天），分装至塑料桶中，然后加入柠檬酸制备的调酸剂至菇面，用精盐封口，压紧以排除桶内空气，后盖紧内外盖。

三、盐渍案例

小平菇盐渍加工工艺：原料菇挑选—水洗—杀青—冷却—盐渍—装桶。

适时采收的鲜小菇分级精心挑选确保菌体无霉烂、病害。稀盐水清洗清除杂质，在铝锅中放入 6%—10% 的食盐水，将小菇迅速用凉水冷却，捞出菇体，控干水分进行盐渍，先在缸底撒一层食盐，然后倒入一层菇，再撒一层盐，再倒一层菇，依次循环直至满缸，最上面撒一层封面盐，表面加盖纱布和竹片作隔离层，上面压上一块大石头，注入饱和食盐水，让液面淹没菇体即可。

第四节 罐藏技术

罐藏法保存食品的原理是，先高温将食品中的细菌杀死，然后再装进罐内，密封装好，阻止微生物进入。食用菌的罐藏是指新鲜食用菌经清洗、分级、切片等预处理后，装入马口铁、玻璃罐等特制容器，再经排气、密封、杀菌等工序后，容器内原有微生物被杀灭,外界微生物无法进入使得食用菌品质能在较长时间内保持不变，防止其腐败变质的技术。罐藏食用菌主要分为两类：一类是只以整菇、片菇或碎菇为原料，注入一定浓度盐水的清水罐头，主要用于烹调加工；另一类是以不同比例将菇和肉、鸡、鸭等原料进行加工，烹调加工制作的复合式食用菌罐头。我国的蘑菇清水罐头已成为目前出口量最大的食用菌罐头产品。

一、罐头加工原理

食用菌罐藏食品长期贮存的主要原理是：食用菌在密封的容器中，一是经过高温灭菌，菇体内部的一切酶系统以及罐内微生物的营养体被完全杀灭，仅有少量耐高温的微生物芽孢没有被杀灭，孢子只有在条件适宜时才能重新萌发形成营养体,鉴于罐内的条件，其孢子不会生长，不萌发产生营养体，这对食用菌的商品价值不会造成影响。二是由于罐内密封的环境能与外界的空气和各类微生物隔绝，使得罐藏的食用菌得以长期保持色香味及营养价值。但并不意味着罐藏食用菌能够长久保存，一般的罐藏食品都有一定的货架期，罐藏食用菌亦是如此，因为罐内仍然会存在一些少量厌气微生物，在一定的条件下仍然存在生长萌发的可能，所以罐藏品食用菌还是有一定的贮存期限，一般为3个月到2年。

二、罐头生产工艺

（一）原料准备

原料菇挑选：要求菌菇新鲜无霉烂、无病虫害、菌伞完整、切削菌柄（柄长不超过8毫米）。

护色漂洗：菇体置于硫代硫酸钠溶液（浓度为0.03g/l）中浸2—3分钟，去除食用菌残余杂质，再倒入相同浓度的硫代硫酸钠溶液漂洗。

预煮：先在容器中加入适量的2%食盐水，将盐水加热至水温80℃时后倒入浓度为0.1%的柠檬酸，将菇体煮约8—10分钟至熟而不烂的状态，借此抑制菇体酶活性，防止菇体发生酶褐变等生化变化。同时又能排除菇体内滞留气体，软化收缩组织、菇体脆性这一缺点得以改善。

冷却：将盐水煮过的菇体迅速采用流水冷却，并利用滚筒式分级机或机械振荡式分级机对菇体进行分级。

（二）装罐

用80℃热水对空罐预先消毒，手工或装罐机装罐，装罐后内容物重量会发生少量减少的现象，所以装罐时，需在规定量的基础上增加10%—15%的装罐量。

（三）注液

提前加热汤汁至90℃以上，确保倒入罐体时温度不得低于

70℃，汤汁一般含2%—3%的食盐或0.12%的柠檬酸，还可视情况适当加入0.1%抗坏血酸。需注意的是装罐需预留8—10毫米的空隙，不可太满。汤汁可增加食用菌罐藏食品的风味，排除内部空气，有利于灭菌、冷却或加热时温度的迅速传递。

（四）排气抽真空

氧气会加速铁皮腐蚀，罐体内如果存在氧气会影响罐藏子实体质量。排气的目的则是去除罐内空气，以确保罐藏食品的产品质量。排气的方法主要有两种：一种是，原料装罐—注液—加热排气—封盖；另一种是，真空抽气—封盖。排气后正常良好罐头的底盖维持一种平坦或略向内凹陷的状态。

（五）封罐

主要隔绝外界空气和腐败性细菌。较早是纯手工焊合封盖。现在普遍使用双滚压缝线封罐机；有手摇、半自动、全自动和真空封罐机。

（六）灭菌

其目的是杀灭罐头内食用菌腐败微生物的营养体，防止罐内容物被破坏，一般采用高温短时间灭菌，如高压蒸汽灭菌，这对保持产品的质量有好处。多数蘑菇罐头灭菌条件为113℃—121℃，15—60分钟。

（七）冷却

为保色泽、风味和组织结构免遭大的破坏，灭菌后的罐头应立即放入冷水中迅速冷却，需要注意的是玻璃罐冷却时，水温要逐步降低，以免玻璃罐破裂。冷却到35℃—40℃时，则可取出罐头擦干；抽样检验，打印标识并包装贮藏。

三、罐藏案例

盐水蘑菇罐头：原料挑选（无病虫害、色泽洁白、肉质厚、不开伞）—护色和漂洗（0.03g/l 硫代硫酸钠溶液护色液）—预煮（5%—7%盐水）—冷却（30—40 分钟内快速冷却）—分级（形态完整）—修整—装罐（空罐 80℃热水预消毒）—灌汁（预留 8—10 毫米空隙）—排气（加热排气）—密封—杀菌（118℃，1 小时）—冷却（冷却至 40℃）

第五节 调味品

调味品是一类有益于人体健康且能增加菜肴的色、香、味，促进食欲的辅助食品。食用菌调味品是指在传统调味品工艺的基础上，以食用菌或以食用菌为主要原料制备而成的复合调味品，如具有菌类物料、气味、保健功能的醋、盐、菇精粉、酱油等食用菌调味品。

案例

膳　菇

本产品以期为提高茶树菇、杏鲍菇、香菇、冬荪的附加值和辣椒油企业的经济效益及新型保健辣椒油的开发提供参考，同时也助力推动贵州十二大特色产业的发展。产品后续有较大的发展空间，随着研究的不断深入，可利用菌菇的不同营养功效，搭配出符合儿童、青少年、中老年等不同人群营养需求的多功能营养型调味品，更符合当下人们追求高品质、高质量的营养健康食品的追求。本产品主要原料在贵州有较大的产量，易获取。产品的制作工艺简单，成本适中，易于操作，可实现标准化、工业化及规模化生产。

主要配料：菜籽油 240 克、苏麻油 60 克、杏鲍菇 80 克、香菇 80 克、茶树菇 20 克、冬荪 20 克、辣椒 100 克、鸡腿肉 200 克、白芝麻 30 克、食用盐 5 克、白砂糖 2 克、洋葱 20 克。

生产工艺：

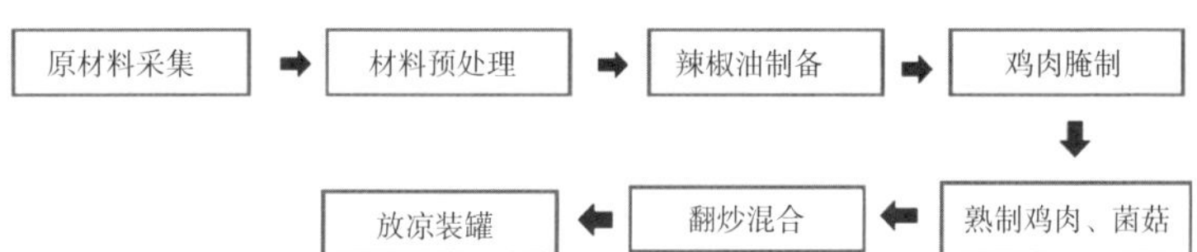

本产品香味浓郁，色泽红艳，口感回甜，各食材香味融合较好，味道鲜美，口感醇厚，回味无穷。

膳菇

参考文献

[1] BUKO V, BAKUNOVICH A, ASTROWSKI A, M, et al. Polysaccharides of Mushroom Phallus impudicus Mycelium: Immunomodulating and Wound Healing Properties[J].Modern Food Science and Technology，2019，35(09):30–37.

[2] Chang X，Yang A，Bao X， et al. An innovative structured fruit （SF） product made from litchi juice， king oyster mushroom （Pleurotus eryngii） and gellan gum: Nutritional， textural， sensorial properties[J]. LWT，2021，152.

[3] Deora Akansha，Sharma S S，Kumari Poonam ， et al. Cultivation of Kabul Dhingri （Pleurotus eryngii） mushroom by standardizing protocols in subtropical zones of world.[J]. Scientific reports，2021，11(1).

[4] Erdem Guzel Elif，Kaya Tektemur Nalan，Tektemur Ahmet，et al. The antioxidant and anti–apoptotic potential of Pleurotus eryngii extract and its chitosan–loaded nanoparticles against doxorubicin–induced testicular toxicity in male rats.[J]. Andrologia，2021.

[5] Hong Y W，Ying T J.Isolation，molecular characterization and antioxidant activity of a water–soluble polysaccharide extractedfrom the fruiting body of Termitornyces albuminosus(Berk.) Heim［J］.

International Journal of Biological Macromolecules, 2019, 122:115 — 126.

[6] Liu G K, Li N, Song S Y, Zhang Y J, Wang J R. 2019. Three exopolysaccharides from theliquid fermentation of Polyporus umbellatus and their bioactivities[J]. International Journalof Biological Macromolecules, 2019, 132:629–640.

[7] Liu G K, Li N, Zhang Y J, et al. LC/MS fingerprint and simultaneous quantification of main bioactive compounds in Polyporus umbellatus (Pers.) Fr. From different regions and developmental stages[J]. Microchemical Journal, 2019, 144:351–360.

[8] Serkan Y., Ersin K., Sadin ?zdemir U, et al.. Phallus impudicus loaded with γ-Fe 2 O 3 as solid phase bioextractor for the preconcentrations of Zn（II） and Cr（III） from water and food samples[J]. Process Biochemistry, 2020, 92.

[9] Takn H, B ü y ü kalaca S, Hansen K, et al.Multilocus phylogenetic analysis of true morels (Morchella) reveals high levels of endemics in Turkey relative to other regions of Europe[J]. Mycologia, 2012, 104(2): 446–461.

[10] Xiao Y., Chen X.i Zhou J., et al.Occurrence of green mold disease on Dictyophora rubrovolvata caused by Trichoderma koningiopsis[J]. Journal of Plant Pathology, 2021（prepublish）.

[11] 安晓雯，王彦立，杨子怡，等.黑皮鸡枞菌营养与质构特性分析及其抗氧化活性评价[J].食品工业科技，2021，42(5):

236–242，249.

［12］王涛 . 安阳杏鲍菇 [N]. 农村 · 农业 · 农民（A 版），2020–05–06.https://mp.weixin.qq.com/s?src=11×tamp=1633057469&ver=3347&signature=x–Gl1B4Yxr411t6B3DV26YVVzz0whY–FiUIGzlD4Qm*KNIl0yCuHrbrU2z2uz2R5SoFduPNBORCbzN73XOA5Gwp8k1*gMl–NDP9ksIey2cwZ4JqO*W96WskNrqMOGxQi&new=1.

［13］巴宥雅，张榆琴，李学坤 . “双循环”新发展格局下中国食用菌产业发展趋势 [J]. 中国食用菌，2021，40(06):92–95.

［14］边银丙 . 食用菌栽培学 [M]. 北京：高等教育出版社，2017.

［15］卞瑞鹤，盛素芬，闫峰 . 品牌农业彰显濮阳发展力量 [J]. 农村 · 农业 · 农民（A 版），2021(08):5–7.

［16］曾凡清，钟方翼，蒋俊 . 浙江地区黑木耳栽培技术 [J]. 食用菌，2019，41(03):54–56.

［17］曾佩玲 . 大球盖菇的生物特性及高产栽培技术要点 [J]. 食用菌 2002(02):16–17.

［18］曾先富，陈阳婷，熊维全，等 . 鸡枞菌菌丝体培养试验 [J]. 食用菌，2012，34(6):9–10.

［19］常晓宁，郭纹余，郑素月，等 . 杏鲍菇软腐病研究进展 [J]. 中国食用菌，2021，40(08):5–8.

［20］常昕 . 金针菇种植及发展前景浅析 [J]. 南方农业，2021，15(02):39–41.

［21］陈国元，陈素娟，江炳坤 . 秋栽姬松茸出菇期管理技术 [J].

中国食用菌，2006，25(2):61-62.

[22] 陈杭，赵航轲，马薇，等.栽培地区海拔对康定灵芝性状的影响[J].中国食用菌，2021，40(06):37-40.

[23] 陈君琛，沈恒胜，李怡彬，等.不同栽培基质对大球盖菇产量和品质的影响[J].中国食用菌，2010，29(03):18-19.

[24] 陈露.原生态食用菌产品的品牌形象设计分析[J].中国食用菌，2020，39(10):198-201.

[25] 陈润秀，陈茂江，刘郁林，等.茶树菇研究进展[J].生物灾害科学，2020，43(03):219-226.

[26] 陈天泰，于海萍，黄霖.高海拔地区海鲜菇工厂化袋料栽培技术[J].北方园艺，2018，(19):203-205.

[27] 陈绪涛，徐月东，马林，等.茶树菇虫害绿色综合防控技术初探[J].食用菌，2020，42(06):59-62.

[28] 陈燕.南阳市食用菌产业现状、存在问题及发展建议[J].食药用菌，2021，29(04):273-276.

[29] 陈影，唐杰，彭卫红，等.四川羊肚菌高效栽培模式与技术[J].食药用菌，2016，24(03):151-154.

[30] 谌金吾，谢永，孙厚静，等.贵州黔东南州林下矮堆墙式栽培茶树菇[J].食用菌，2020，42(06):57-58.

[31] 成群.稻草料袋栽金针菇高产栽培技术[J].陕西农业科学，2018，64(04):103-104.

[32] 程继红.鹿茸菇的栽培现状与营养保健价值[J].食药用菌，2021，29(1):12-15.

[33] 程雄. 姬松茸高产栽培技术 [J]. 现代农业科技，2010(11): 135.
[34] 程玉. 酶解法制备海鲜菇调味料的研究 [D]. 杭州：浙江大学，2013.
[35] 戴天放，徐光耀，麻福芳，等. 江西省食用菌循环经济发展初探 [J]. 浙江农业科学，2020，61（09）:1785-1787.
[36] 邓颖琳. 金针菇子实体多糖的提取、分离纯化及结构鉴定 [D]. 杭州：浙江工业大学，2011.
[37] 邓正正，钱余存. 基于创业导向的食用菌生产课程改革 [J]. 农业科技与装备，2021(04):75-76.
[38] 董金福. 竹林地仿生栽培姬松茸技术研究 [D]. 杭州：浙江农林大学，2011.
[39] 杜习慧，赵琪，杨祝良. 羊肚菌的多样性、演化历史及栽培研究进展 [J]. 菌物学报，2014，33(02):183-197.
[40] 段静怡，王祯，杜红慧，等. 灰树花栽培基质配方优化研究 [J]. 安徽农业科学，2020，48(18):52-55.
[41] 凡军民，谢春芹，贾君，等. 贝壳粉添加量对金针菇生长及产量的影响 [J]. 食用菌学报，2014，21(01):29-31.
[42] 房振田，卜凡国. 大球盖菇高产栽培技术 [J]. 中国食用菌. 2000(05):29-30.
[43] 冯翠，周玉峰，钱巍，等. 油—菜—菇设施立体栽培周年生产模式 [J/OL]. 中国蔬菜，2021(09):120-122[2021-09-16].https://doi.org/10.19928/j.cnki.1000-6346.2021. 3044.

[44] 付英宾，崔文甲，王文亮，等.金针菇营养成分及产品开发研究进展 [J]. 食品科技，2021，46(06):73–77.

[45] 傅文康.药用菌产业发展的探讨与展望——以安徽省金寨县为例 [J]. 产业创新研究，2021(16):67–69.

[46] 干雪梅.金针菇高效种植技术 [J]. 四川农业科技，2012，(07):32–33.

[47] 高新成.食用菌加工技术 [J]. 现代农业科技，2016(3):357–359.

[48] 高瑀珑，薛景珍，江汉湖，等. 姬松茸菌丝生长条件的试验研究 [J]. 食用菌，2004(2):9–10.

[49] 高志强，何梦烨.杏鲍菇什锦罐头的工艺研究与优化 [J]. 农业与技术，2021，41(12):17–22.

[50] 龚光禄，桂阳，黄万兵，等.红托竹荪优良菌株筛选研究 [J]. 种子，2020，39(08):112–118，123，168.

[51] 郭癸存，张引芳，李世文，等.鹿茸菇工厂化栽培配方的研究 [J]. 科学与财富，2016(12):168–168，170.

[52] 张凌姗.鹿茸菇生态学特性与液体菌种配方的优化研究 [J]. 食药用菌，2020，28(6):425–427，439.

[53] 郭乔仪，普怀亭，赵坚能.羊肚菌外援营养袋技术常见问题及改进措施 [J]. 农村实用技术，2017(08):35–36.

[54] 郭顺星，徐锦堂，肖培根.猪苓子实体发育的细胞学研究 [J]. 中国医学科学院学报，1998，20(1):58.

[55] 郭顺星，徐锦堂，肖培根.猪苓生物学特征的研究进展 [J].

中国中药杂志，1996，21(9): 515–517.

[56] 郭炜，于洪久，张楠，等 . 育秧大棚栽培姬松茸技术 [J]. 黑龙江农业科学 .2019(05):165–166.

[57] 郭向华，王海旺. 姬松茸的碳氮营养源研究 [J]. 食用菌，2002(6):20–21.

[58] 郭晓帆，杨蓓蕾，王欣悦，等 . 食用菌加工产品发展前景分析 [J]. 现代园艺，2018(2):21.

[59] 郭志英，孙叶红，关越，等 . 邢台西部山区野生猪苓生长环境调查与分析 [J]. 现代农村科技，2019(09):92.

[60] 韩明臣 . 延安市林下食用菌栽培模式浅析 [J]. 陕西林业科技，2021，49(02):53–55.

[61] 贺丽 . 林下空间菌类植物种植模式研究 [J]. 北方园艺，2021(10):132–135.

[62] 贺望兴，石旭平，谢小群，等 . 适合茶枝屑袋料栽培的优良食用菌菌株筛选 [J]. 江苏农业科学，2021，49(11):110–115.

[63] 洪金良，黄彤根，黄良水，等 . 黄色金针菇工厂化瓶栽技术要点 [J]. 食药用菌，2021，29(03):255–257.

[64] 侯瑞明 . 食用菌的经济价值及其加工利用分析 [J]. 农产品加工，2018(6):74–76.

[65] 侯祥保，孙家宁，耿庆芬 . 白色真姬菇工厂化栽培技术要点 [J]. 农村百事通，2017，(11):30–32.

[66] 胡传炯，袁德军，周平贞，等 . 马桑菌株细胞化学组分研究 [J]. 华中农业大学学报，1994(05):481–486.

［67］胡传炯，周平贞，周启，等.马桑根瘤内生菌纯培养物的成功回接及其分子鉴定 [J]. 科学通报，1998(09):969–973.

［68］胡传炯，周平贞，周启.尼泊尔马桑根瘤内生菌纯培养物的质粒检测 [J]. 微生物学通报，1997(05):259–262.

［69］胡传炯，周平贞，周启.一株马桑根瘤内生菌纯培养物的分类鉴定 [J]. 微生物学报，1997(06):417–422.

［70］胡传炯，周启，周平贞.马桑弗兰克氏菌的生物学特性的多样性 [J]. 土壤，1998 (03):158–160.

［71］胡如澍.香菇栽培技术及注意问题 [J]. 江西农业，2020(08):9–10.

［72］胡瑞财，汪忠华，胡华斌，等.林下栽培灵芝多糖的提取工艺优化 [J]. 中国食用菌，2021，40（07）:47–51.

［73］胡润芳，黄建成，森衍铨，等. 巴西蘑菇“白系 1 号”的生物学特性及栽培要点 [J]. 食用菌，2003(2):15.

［74］胡向阳.杏鲍菇保鲜技术 [N]. 新疆科技报（汉），2021–07–09(003).https://www.cnhnb.com/xt/article–1461.html.

［75］滑帆，邢万里，李文平等.根据气温条件确定河北省大球盖菇最佳栽培时间 [J]. 中国食用菌，2021，40(04):18–22.

［76］黄蓓蓓.食用菌食品加工技术探析 [J]. 现代食品，2019，11：60–65.

［77］黄晨阳，陈强，赵梦然.中国食用菌工厂化生产现状与问题分析 [J]. 农业工程技术，2021, 41(10):12–14.

［78］黄德斌，胡泽华，余昭芬，等.马桑水提取物对烧伤创面感

染常见 3 种耐药菌的抑制作用 [J]. 中国药理学通报，2016，32(10):1388–1394.

[79] 黄建春，钱永官 . 双孢蘑菇培养料集中发酵技术 [J]. 食用菌 .2005，(04):24–25.

[80] 黄建春 . 中国双孢蘑菇工厂化生产现状与发展的思考 [J]. 食用菌，2012，34(02):1–3.

[81] 黄萌 . 食用菌生产迈入智能化时代——访广昌县亿华机电科技有限公司总经理吕书华 [J]. 农村百事通，2020(05):4–11.

[82] 黄年来，应建浙，臧穆，等 . 中国大型真菌原色图鉴 [M]. 北京：中国农业出版社，1998.

[83] 黄年来 . 大球盖菇的分类地位和特征特性 [J]. 食用菌，1995，(06):11.

[84] 黄书文，刘叶高，张文华，等 . 黑木耳明玉 1 号高产优质栽培配方试验 [J]. 食药用菌，2020，28(05)：332–334.

[85] 黄书文 . 长根菇明长 17 号生物学特性及栽培技术要点 [J]. 食药用菌，2019，27(6):424–426.

[86] 黄万稳 . 物联网技术下食用菌供应链的智能管理系统 [J]. 中国食用菌，2020，39(11):153–156.

[87] 黄小云，沈华伟，韩海东，等 . 食用菌产业副产物资源化循环利用模式研究进展与对策建议 [J]. 中国农业科技导报，2019，21(10):125–132.

[88] 黄毅，郑永德 . 香菇设施栽培菌棒制作及培养的关键点解析 [J]. 食药用菌，2020，28(03):160–165.

[89] 黄毅 . 图解海鲜菇袋式栽培技术（二）[J]. 食药用菌，2015，23(04):209–213.

[90] 黄毅 . 图解海鲜菇袋式栽培技术（三）[J]. 食药用菌，2015，23(05):297–300.

[91] 黄毅 . 图解海鲜菇袋式栽培技术 [J]. 食药用菌，2015(3):143–146.

[92] 黄岳磊，王伟霞，张洪生，等 . 杏鲍菇生物学特性和工厂化栽培工艺 [J]. 特种经济动植物，2021，24(09):45–47.

[93] 黄在兴，王义祥，赵光辉，等 . 姬松茸育种研究进展 [J]. 亚热带农业研究 .2020，16(4):273–278.

[94] 霍捷，王卫平，滑帆，等 . 大球盖菇栽培模式研究进展与发展方向探讨 [J]. 中国食用菌，2020，39(02):35–38.

[95] 贾高锋，张汉军 . 鸡腿菇仿生态“林菌”栽培技术 [J]. 河南农业，2020(19):14.

[96] 贾琦，石文权，尹兰霞，等. 西北地区姬松茸麦草棚栽技术 [J]. 食用菌，2004(5):34–35.

[97] 贾元忠，常威，贾武 . 鸡腿菇袋料覆土层架式栽培技术 [J]. 食用菌，2020，4(06):55–56.

[98] 贾长青，马瑞，苏旺苍，等 . 天麻茎秆废弃物栽培平菇及其营养成分分析 [J]. 食品工业，2021，42(08):338–343.

[99] 江炳坤 . 姬松茸病虫害分段防治技术 [J]. 中国农村小康科技 .2006，(07):55–57.

[100] 江枝和，朱丹. 姬松茸生物学特性研究 [J]. 食用菌学报，

1996，3(3):5–12.

[101] 姜春艳，张瑞 . 河南省食用菌产业科技特派员服务团助力范县菇农量化管理提质增效 [J]. 乡村科技，2020(19):6–7.

[102] 姜建新，徐代贵，王致钦，等 . 黑木耳高产栽培技术 [J]. 农村新技术，2019(02):18–20.

[103] 姜增辉 . 浅谈鸡腿菇栽培管理技术 [J]. 现代农业，2020(04):33–34.

[104] 康超，王芳，杨玲，等 . 冬荪热风干燥特性与干燥动力学模型 [J]. 江苏农业科学，2018，46(13):178–183.

[105] 康超，杨玲，王芳，等 . 冬荪气调贮藏技术研究 [J]. 中国食用菌，2020，39(10):110–116.

[106] 康雷航，吴秋云，夏志兰 . 木醋液在食用菌生产中的应用研究进展 [J]. 现代农业科技，2021(14):60–64.

[107] 兰玉菲，孔怡，唐丽娜，等 . 野生树舌灵芝菌株的分子鉴定 [J]. 食用菌，2021，43(04):23–25.

[108] 劳有德 . 甘蔗渣生料栽培大球盖菇高产技术 [J]. 广西园艺 2004(02):46–47.

[109] 黎海兵 . 秸秆基料化栽培食用菌生产技术 [J]. 新农业，2021(15):5.

[110] 李德志，周前锋，史海军 . 平菇设施化熟料栽培优质高产生产技术 [J]. 农村新技术，2021(08):20–22.

[111] 李恩菊 . 贵州地区野生食用菌资源可持续开发利用研究 [J]. 中国食用菌，2019，38(10):5–8.

[112] 李法全，严世东．姬松茸优质高产栽培技术 [M]. 成都：天地出版社，2008.

[113] 李建英，吴素蕊，刘春丽，等．红托竹荪腐烂病发病部位侵染真菌的研究 [J]. 中国食用菌，2021，40(01):109–112.

[114] 李晶，蔡忠原，段炼孺，等．姬松茸的生长特性及盆景造型制作 [J]. 中国食用菌 .2019，38(10):91–94.

[115] 李林，郭红艳，孙晓杰，等．利用大豆秸秆和玉米秸秆栽培灵芝 [J]. 食用菌学报，2021，28(04):15–19.

[116] 李羚，郭立忠，李树文．陇南地区林下气候条件分析及适宜栽培食用菌品种筛选 [J]. 中国食用菌，2021，40(08):34–42.

[117] 李荣春，NobleRalph. 双孢蘑菇生活史的多样性 [J]. 云南农业大学学报 2005，20(3):388–391.

[118] 李汝亮，任秀峰，周前锋．浅谈黄色金针菇的生长环境条件及栽培技术 [J]. 安徽农学通报（下半月刊），2010，(16):83–116.

[119] 李寿建，汪琦，刘奇正，等．茯苓生物学研究和菌核栽培现状及展望 [J]. 菌物学报，2019，38(09):1395–1406.

[120] 李淑芳，刘建华，陈晓明，等．羊肚菌的生物学特性与天津地区栽培适应性分析 [J]. 天津农林科技，2018(06):32–34.

[121] 李淑秀. 姬松茸商研— F106 菌株生物学特性 [J]. 食用菌，2009(6):21–22.

[122] 李树森，傅世贤，张前福，等．猪苓的林地栽培技术 [J]. 食

用菌，2009，31(1):35-36.

[123] 李涛，刘文亮，张广，等.羊肚菌栽培外源营养袋的研究进展[J].中国农学通报，2018，34(26):65-69.

[124] 李湘利，刘静，杨永涛，等.1-MCP对鸡枞菌采后生理及贮藏品质的影响[J].食品科学，2016，37(14):237-241.

[125] 李雪姣，杨世丽，孟祥法，等.利用梨树枝条发展食用菌关键技术集成与示范[J].现代园艺，2021，44(11):78-79.

[126] 李艳芳，王相刚，张立伟.观赏食药用菌制作的初步研究[J].陕西农业科学，2020，66(03):80-82.

[127] 李艳花.乡村振兴背景下贵州食用菌精准扶贫产业的现状与路径创新[J].中国食用菌，2020，39(02):210-212.

[128] 李永荷，肖萧，杨晋，等.简述冬荪栽培技术及病虫害防治措施[J].南方农业，2019，13(17):17-18.

[129] 李永齐，王芬，廖头根等.冬荪菌托多糖作为烟草保润剂的性能评价[J].食药用菌，2019，27(06):383-389.

[130] 李玉，李泰辉，杨祝良，等.中国大型菌物资源图鉴[M].郑州：中原农民出版社.2015.

[131] 李玉. 中国食用菌产业发展现状、机遇和挑战——走中国特色菇业发展之路，实现食用菌产业强国之梦[J]. 菌物研究，2018，16(3)：125-131.

[132] 李玉贞. 姬松茸出菇管理关键技术[J]. 福建农业，2007(12):16.

[133] 李志刚，宋婷，冯翠萍，等. 不同温度对杏鲍菇减压贮藏

品质的影响 [J]. 农业工程学报，2015，3l(3)：332–338.

[134] 李忠凯 . 金针菇栽培技术 [J]. 现代化农业，2018，(09):30–31.

[135] 李舟鑫，王斌，陈艳霞，等 . 大棚种植红托竹荪的温湿度管理——基于这艾村的观测数据 [J]. 农技服务，2021，38(01):129–131.

[136] 栗铭鸿，李官浩，朴守焕，等 . 鸡枞菌不同溶剂提取物成分分析及抗氧化作用研究［J］. 食品与机械，2018，4(1):144–148.

[137] 梁洁，刘军，侯凯 . 食用菌头潮菇整齐出菇六要点 [J]. 西北园艺（综合），2020(04):27.

[138] 林立松 . 造林密度对林下经济作物的影响研究——以茶树菇为例 [J]. 林业科技，2020，45(05):33–36.

[139] 林铃 . 茶树菇液体菌种应用及配套栽培技术研究 [J]. 食药用菌，2020，28(05):340–343.

[140] 林木 . 食用菌行业龙头的扩张与延伸 [J]. 农经，2021(21):74–77.

[141] 林汝楷，刘叶高，饶永斌，等 . 冷库栽培黑木耳研究 [J]. 园艺与种苗，2020，40(07)：21–22.

[142] 林向阳 . 姬松茸高产栽培技术 [J]. 中国食用菌 .1997，(06):24–25.

[143] 林应兴 . 菌草灵芝研究现状与前景 [J]. 北方园艺，2021(11):142–147.

[144] 刘二冬 . 大球盖菇大棚生料高产栽培技术 [J]. 食用菌，2019，41(04):55-56.

[145] 刘国库 . 国内主产区猪苓指纹图谱特征及菌丝体胞外多糖活性研究 [D]. 咸阳：西北农林科技大学，2020.

[146] 刘海旺，梁丽梅，黄日保，等 . 平菇菌株栽培试验初报 [J]. 食用菌，2021，43(04):29-33.

[147] 刘建雄 . 食用菌工厂化产业市场结构分析及启示 [J]. 食用菌，2019，41(03):1-2.

[148] 刘昆丽 . 食用菌的经济价值及发展潜力 [J]. 中国食用菌，2019，38(04):94-96.

[149] 刘明会 . 平菇主要病虫害防治措施 [J]. 特种经济动植物，2021，24(07):62-63.

[150] 刘培源 . 利用食用菌生产循环利用农业有机废弃物 [J]. 农业工程技术，2019，39(23):49.

[151] 刘强，王跃霖 . 红托竹荪高产栽培技术 [J]. 现代农业科技，2021，(03):91-93.

[152] 刘强 . 红托竹荪高产栽培技术 [J]. 基层农技推广，2020，8(12):120-122.

[153] 刘瑞壁 . 大球盖菇高效栽培技术 [J]. 食用菌，2021，43(01):65-66.

[154] 刘胜贵，吕金海，刘卫今 . 大球盖菇生物学特性的研究 [J]. 农业与技术，1999，19(02):19-22.

[155] 刘顺才，吴琪，邢鹏，等 . 茯苓种质资源的研究进展综述 [J].

食药用菌，2017，25(03):171–175.

［156］刘天尧.食用菌资源的产业链发展与循环经济思考[J].中国食用菌，2020，39(03):94–97.

［157］刘伟，蔡英丽，何培新，等.羊肚菌栽培的病虫害发生规律及防控措施[J].食用菌学报，2019，26(02):128–134.

［158］刘伟，蔡英丽，张亚，等.我国羊肚菌人工栽培快速发展的关键技术解析[J].食药用菌，2018，26(03):142–147.

［159］刘锡，葛萃萃，罗倩，等.红托竹荪液体菌种发酵条件配方优化研究[J].种子，2021，40(08):127–131.

［160］刘晓艳，杨国力，于纯淼. 功能型复合食用菌调味品的工艺开发研究[J]. 中国调味品，2016，41(01)：121–123，131.

［161］刘栩州，鞠莹，罗阳兰，等.食用菌栽培副产物在猪饲料中应用研究进展[J].食药用菌，2021，29(04):295–301.

［162］刘栩州，鞠莹，罗阳兰，等.食用菌栽培副产物在猪饲料中应用研究进展[J].食药用菌，2021，29(04):295–301.

［163］刘艳芳，唐庆九，王金艳，等.白肉灵芝子实体和菌丝体活性成分的比较[J].食用菌学报，2021，28(04):20–26.

［164］刘媛，忻龙祚.杏鲍菇风味馒头的加工工艺研究[J].粮食与油脂，2021，34（07）:136–138.

［165］刘跃钧，郑文彪，傅双凤.大球盖菇熟料栽培配方的试验[J].食用菌，2003(06):19.

［166］卢亨琼.海鲜菇工厂化高效栽培技术[J].食用菌，2013，35(04):65–66.

[167] 罗绍艳，张利平，袁玉霞，等.攀西与达州地区灵芝栽培气候对比分析 [J]. 中低纬山地气象，2021，45(04):92–96.

[168] 罗晓莉，张沙沙，严明，等.云南 8 种栽培食用菌蛋白质和氨基酸分析及营养价值评价 [J]. 食品工业，2021，42(08):328–332.

[169] 罗晓莉，张沙沙，严明，等.云南 8 种栽培食用菌蛋白质和氨基酸分析及营养价值评价 [J]. 食品工业，2021，42(08):328–332.

[170] 罗欣，张唐娟，廖剑，等.食用菌工厂化发展现状和趋势 [J]. 农业开发与装备，2021(1):114–115.

[171] 吕作舟.食用菌栽培学 [M]. 北京：高等教育出版社，2006. 5.

[172] 马传贵，张志秀，吴尚军，等.灰树花人工培养研究和应用进展 [J]. 食药用菌，2021，29(02):123–127.

[173] 马飞，高庆发，李冬梅，等.金针菇优质高效生产技术 [J]. 河北农业，2019，(03):20–21.

[174] 马瑜，杨玉华，吕彦飞，等.茶树菇生产中常见病虫害及无公害综合防治技术 [J]. 中国食用菌，2021，40(04):113–116.

[175] 毛岳松，戴丽红，傅志真，等.代料香菇栽培的产量影响因素研究进展 [J]. 现代农业研究，2021，27(08):103–105.

[176] 卯晓岚，文华安，庄文颖，等.中国大型真菌 [M]. 郑州：河南科学技术出版社，2000.

[177] 梅再胜，柯晓华，张早军. 长江流域茶树菇袋料栽培技术 [J]. 农村新技术，2020(03):18–20.

[178] 孟庆国. 杏鲍菇菌糠栽培鸡腿菇技术 [J]. 食用菌，2020，42(02):60–61.

[179] 孟书丽，黄文祥. 鸡腿菇栽培新方法试验研究 [J]. 现代农业，2020（10）:38–39.

[180] 苗人云，刘天海，罗建华，等. 羊肚菌营养袋制作原料的化学成分分析及配方优化 [J]. 食药用菌，2020，28(02):112–118.

[181] 木村荣一，王建兵. 鹿茸菇的工厂化栽培 [J]. 食药用菌，2019，27(04):237–240.

[182] 欧娟，王培. 食用菌产业发展关键环节研究进展 [J]. 现代食品，2021(01):7–11.

[183] 潘涛，林金德，余颖豪，等. 酿酒酵母表达侧耳源单基因生物合成麦角硫因 [J]. 食品科学，2021，1–10.

[184] 彭卫红，唐杰，何晓兰，等. 四川羊肚菌人工栽培的现状分析 [J]. 食药用菌，2016，24(03):145–150.

[185] 平慧芳. 羊肚菌大田栽培技术要点 [J]. 食用菌，2019，41(01):56–58.

[186] 齐天锋. 四川通江县“食用菌产业 + 旅游业”发展探索 [J]. 中国食用菌，2021，40(05):97–100.

[187] 秦延春，李永明，卢玉文，等. 双孢蘑菇优良菌株栽培比较试验 [J]. 食用菌，2020，42(06):27–28.

[188] 邱凌霞，葛胜菊，马希祥，等. 膨化杏鲍菇休闲食品的工艺 [J]. 食品工业，2021，42(08):169–171.
[189] 曲积彬，杜芳，邹亚杰，等. 桑枝、葡萄枝木屑栽培杏鲍菇的配方研究 [J]. 中国食用菌，2021，40(08):29–33.
[190] 任佰刚，夏强瑞，刘洪成. 平菇优质高产栽培实用新技术 [J]. 农业知识，2021(01):10–12.
[191] 任浩，于官楚，孙炳新，等. 食用菌贮藏保鲜技术研究进展 [J]. 包装工程，2019，40(13)：1–11.
[192] 阮晓东，阮周禧，阮梦玲，等. 蟹味菇袋料栽培技术 [J]. 食用菌，2013，35(03):62–63.
[193] 沙建军，周晓平，丁红军，等. 基于金针菇菌渣再利用的双孢菇栽培基料的研究 [J]. 农业开发与装备，2020(08):137–138.
[194] 尚启. "闻香松口蘑 食味鹿茸菇"——上海福茂公司三万公斤鹿茸菇投放市场 [J]. 上海企业，2014(1):82.
[195] 佘冬芳，樊卫国，徐彦军，等. 大球盖菇栽培技术研究进展 [J]. 种子 2007(01):84–87.
[196] 沈霞. 灰树花工厂化栽培的工艺优化研究 [J]. 中国农业文摘 (农业工程)，2020，32(01):26–27.
[197] 沈雪玲，王雪梅. 姬松茸高产栽培技术 [J]. 农技服务 .2017，34(19):55–56.
[198] 史泽宇，张芳芳，李雪飞，等. 秋水仙素对平菇单核菌株生长的影响 [J]. 北方园艺，2021(15):126–134.

[199] 舒乃辉，舒乃东 . 药用植物猪苓人工培植技术 [J]. 现代农业科技，2008，15:71–72.

[200] 宋洪燕，李化秀，乔鹏，等 . 桑枝食用菌栽培技术研究现状与发展建议 [J]. 北方蚕业，2020，41（03）:7–11.

[201] 宋利茹，梁倩倩，席亚丽，等 . 干旱冷凉区海鲜菇工厂化生产技术规程 [J]. 食用菌，2020，42(04):50–51.

[202] 宋卫东，周德欢，任彩红，等 . 我国食用菌生产装备的发展现状、趋势及建议 [J]. 食药用菌，2021，29(01):1–5.

[203] 宋莹，刘娜，张季军，等 . 申香系列香菇新品种在辽宁地区的生长特性 [J]. 中国食用菌，2020，39(11):22–30.

[204] 苏德伟，林辉，宋飞飞，等 . 菌草栽培食（药）用菌的氨基酸组成及营养价值评价 [J]. 中国食用菌，2021，40(02):62–70.

[205] 苏忠军，程伟忠，崔宏伟，等 . 五香味杏鲍菇酱罐头加工工艺研究 [J]. 中国果菜，2021，41(08):5–10.

[206] 孙桂玲 . 茶树菇栽培技术 [J]. 乡村科技，2021，12(13): 49–50.

[207] 孙厚静，余冰情，谌金吾，等 . 林下灵芝仿野生栽培技术 [J]. 农村新技术，2021(07):18–19.

[208] 孙思国 . 黑皮鸡枞菌生产方法 :CN101218876[P]. 中国 : 2008–07–15.

[209] 覃俊达 . 鸡枞菌种质资源的研究 [J]. 山西农经，2017(4):50–52.

[210] 谭方河 . 阐释我国羊肚菌外营养袋栽培技术的发展历程 [J].

食药用菌，2019，27(04):257–263.

[211] 谭方河 . 羊肚菌人工栽培技术的历史、现状及前景 [J]. 食药用菌，2019， 24(03):140–144.

[212] 汤倩倩，黄建春，桑亮亮，等 . 工厂化栽培双孢蘑菇采收技术 [J]. 食用菌，2020，42(05):37–39.

[213] 汤倩倩，章超，孙育红，等 . 以水稻秸秆和鹿茸菇菌渣为主要原料的草菇栽培技术 [J]. 中国食用菌，2021，40(6):34–36，40.

[214] 唐玲，李寿建，杨槐俊，等 . 鸡腿菇栽培中子实体自溶过程及相关酶活性变化 [J]. 菌物研究，2021，19(03):183–189.

[215] 陶佳喜，王宝林. 姬松茸高产栽培技术及主要杂菌、害虫发生与防治研究 [J]. 微生物学杂志，2003，23(6):38–39.

[216] 陶佳喜，王宝林. 姬松茸高产栽培技术及主要杂菌、害虫发生与防治研究 [J]. 微生物学杂志，2003，23(6):38–39.

[217] 滕春丽，颜蜜，向瑞琪，等 . 红托竹荪多糖的提取优化及膜分级分离的研究 [J]. 食品安全质量检测学报，2021，12(12):4984–4990.

[218] 滕献有，李玉洪，邹虎成，等 . 平菇菌渣栽培对大棚厚皮甜瓜生长的影响 [J]. 长江蔬菜，2021(14):62–64.

[219] 田果廷，徐学忠，张开云 . 高原地区大球盖菇高产栽培技术研究 [J]. 中国食用菌 2002(03):9–11.

[220] 田浩原，徐彦军，杨彝华，等 . 菌草袋料栽培“织金竹荪 2”性状及营养分析 [J]. 北方园艺，2020，(24):119–124.

[221] 万鲁长，任海霞 . 姬松茸——发展前景广阔的食药兼用菌蕈 [J]. 解放军健康 .2019(01):28.

[222] 汪虹，陈辉，张津京，等 . 大球盖菇生物活性成分及药理作用研究进展 [J]. 食用菌学报，2018，25(04):115–120.

[223] 汪烨 . 雪榕生物 : 率先完成全国布局 [J]. 农经，2019(06):70–73.

[224] 王爱仙 . 黑木耳立体吊袋栽培关键技术 [J]. 农村新技术，2019(03):18–20.

[225] 王柏树，董新梅，卫周杰 . 黑木耳大棚吊袋栽培管理技术 [J]. 河南农业，2019(04):41.

[226] 王彩云，侯俊，王永，等 . 冬荪研究进展 [J]. 贵州农业科学，2019，47(09):44–48.

[227] 王芳，孙晓红，陶光灿 . 贵州省食用菌产业发展状况及对策 [J]. 贵州农业科学，2020，48(12):77–81.

[228] 王国书，冉隆俊，田霜，等 . 2019 年 . 室外大棚羊肚菌优质高效栽培技术总结 [J]. 中国食用菌，2019，38(03):103–106.

[229] 王洪亮，王顺英，龙毅，等 . 贵州食用菌产业裂变式发展现状、问题及产业技术体系建设路径 [J]. 农技服务，2020，37(06): 116–118.

[230] 王军利，豆秀英，李美索，等 . 平菇渣对盐碱化土壤的改良及对草莓生长的影响 [J]. 陕西农业科学，2021，67(06):44–49.

[231] 王丽娥，李利军，马齐，等. 猪苓栽培技术现状与产业发展对策 [J]. 食用菌，2008(4):4-5.
[232] 王龙，郭瑞，路等学，等 . 羊肚菌物种多样性研究现状 [J]. 西北农业学报，2016， 25(04):477-489.
[233] 王龙，周庆平，石国华，等 . 茶树菇 Agrocybe cylindracea 及近缘种种质资源研究现状 [J]. 北方园艺，2021(15):134-142.
[234] 王隆洋，于延伸，王月，等 . 食用菌市场发展中的问题与对策建议 [J]. 吉林蔬菜，2018，26(07):33-35.
[235] 王敏，吴迪，蒋力力，等 . 贵州省食用菌资源概况 [J]. 中国食用菌，2021，40(01):7-23.
[236] 王南南，王玉国，王付彬，等 . 双孢蘑菇工厂化栽培技术要点 [J]. 农业科技通讯 2021，(05):296-299.
[237] 王倩，黄建春，卜乐男，等 . 双孢蘑菇对高温胁迫的响应及耐热机理 [J]. 菌物学报，2021，40(06):1400-1412.
[238] 王瑞霞，贾身茂 . 我国香菇栽培技术的发展进程 [J]. 食药用菌，2020，28(05):362-372.
[239] 王小艳，陆欢，徐宁，等 . 云南陆良地区平菇周年栽培品种筛选试验 [J]. 中国食用菌，2021，40(01): 42-46.
[240] 王新，王强 . 红托竹荪多糖的耐缺氧及抗运动疲劳能力的研究 [J]. 中国食用菌，2020，39(12):83-86.
[241] 王馨 . 姬松茸多糖生物活性研究与产品开发 [D]. 成都：西华大学，2020.
[242] 王学贵，伍智华，沈丽淘，等 .42 种药用植物甲醇提取物

对番茄灰霉病菌抑菌活性的研究 [J]. 长江蔬菜，2009(18): 75–78.
[243] 王怡暄 . 不同栽培模式对黑木耳产质量的影响 [J]. 食药用菌，2019，27(06):418–420.
[244] 王英杰，邹大伦 . 贵州高寒地区马桑香菇的调查 [J]. 食用菌科技，1983(01):40–42.
[245] 王迎鑫，郭倩，刘朝贵，等 . 真姬菇工厂化生产配方筛选研究 [J]. 北方园艺，2014(4):129–131.
[246] 王月，任梓铭，于延申 . 黑木耳保健功效及栽培技术要点 [J]. 吉林蔬菜，2020(01):37–38.
[247] 魏晶晶，王志鸽，张浩然，等 . 鸡腿菇的营养成分与保鲜加工研究 [J]. 中国果菜，2020，40(06):77–82.
[248] 魏毅，姬松山，张自群，等 . 淅川县茶树菇半地下设施化种植技术 [J]. 基层农技推广，2020，8(08):101–102.
[249] 温切木・阿布列孜 . 大棚香菇高产栽培技术要点 [J]. 世界热带农业信息，2021，(01):12–13.
[250] 吴宸印，徐彦军，田浩 . 不同碳氮源培养基对茯苓菌丝生长和产量的影响 [J]. 种子，2021，40(2):102–105.
[251] 吴锦文 . 香菇的生物学特性及其锯末菌砖栽培技术 [J]. 食品科学，1985，(01):57–59.
[252] 吴素玲，孙晓明，王波，等 . 双孢蘑菇子实体营养成分分析 [J]. 中国野生植物资源，2006，25(2);47–48.
[253] 吴亚楠，尹显达，耿培妍，等 . 基于 MPMS 诱变体系的茶

树菇细胞工程育种 [J]. 中国食用菌，2021，40(08):18–23.
[254] 吴亚楠 . 基于 MPMS 诱变体系的茶树菇细胞工程育种及应用 [D]. 保定：河北大学，2021.
[255] 吴振强 . 金针菇菌渣栽培草菇配方研究 [J]. 热带农业科学，2020，40(06):28–34.
[256] 武秀华 . 姬松茸高产栽培技术及病虫害防治措施 [J]. 乡村科技 .2018，(32):111–112.
[257] 谢朝政 . “三千万座大山”上的产业突围战 [N]. 贵州日报，2020–07–21.https://www.sohu.com/a/409011367_768468.
[258] 谢福泉 . 利用杏鲍菇废菌渣栽培草菇技术 [J]. 农村新技术，2021(07):19–21.
[259] 谢荣，程池露，冯娜，等 . 白肉灵芝子实体中影响三萜变化的因素分析 [J]. 食用菌学报，2021，28(04):75–81.
[260] 邢仕歌，雍炜，李永亮，等 .2020 年北京市售食用菌中重金属含量及健康风险分析 [J]. 食品安全质量检测学报，2021，12(16):6661–6666.
[261] 邢晓科，郭顺星 . 伴生菌对猪苓菌丝生长及多糖含量的影响 [J]. 中国中药杂志，2008，33(13):1575–1578.
[262] 邢跃新，王灵，王根锁，等 . 豫西地区夏香菇代料栽培技术 [J]. 食用菌，2019，41(02):66–67.
[263] 熊川，李小林，李强，等 . 羊肚菌生活史周期、人工栽培及功效研究进展 [J]. 中国食用菌，2015，34(01):7–12.
[264] 熊嘉莹，丁红伟，陈青君，等 . 基于桃木屑的配方与工艺

对平菇生长的影响 [J]. 中国农学通报，2021，37(21):46–53.

[265] 徐兵，张雅君，冀宏 . 黑皮鸡枞菌丝体液体发酵条件优化 [J]. 常熟理工学院学报 2017，31(2):104–108.

[266] 徐兵，张玉琴，冀宏 . 黑皮鸡枞菌固体培养基的优化 [J]. 食品研究与开发，2017，38(9):175–178，221.

[267] 徐光耀，戴天放，吴昌华，等 . 江西省食用菌产业现状、生产模式及发展对策 [J]. 长江蔬菜，2020(18):72–75.

[268] 徐科焕，姚军强，赵万平，等. 太白山野生猪苓化学成分、药用价值与生态分布研究初报 [J]. 中国野生植物资源，2008，27(3):25–27.

[269] 徐宁，冯立国，王春晖，等 . 黑皮鸡枞液体菌种发酵罐培养条件的优化 [J]. 南方农业学报，2019，50(2):344–349.

[270] 徐青松，王华，肖晋川 . 猪苓林下半人工高效栽培技术模式 [J]. 食用药菌，2017，25(1):67–69.

[271] 徐彦军，安华明，黎静等 . 梨枝屑栽培对杏鲍菇子实体产量及营养成分的影响 [J]. 食用菌 .2009，(2):26–27.

[272] 徐彦军，肖军，李昌俊，等 . 不同配方培养基对马桑菌菌株农艺性状及经济指标的影响 [J]. 北方园艺，2020(10):133–136.

[273] 徐彦军 . 杏鲍菇 4 个品种（菌株）露地覆土栽培试验 [J]. 贵州农业科学 .2010，38(8):33–34.

[274] 徐彦军 . 玉米芯、麦粒栽培料对杏鲍菇菌丝生长和产量的影响 [J]. 安徽农业科学 .2007，35(31):9882，9958.

[275] 徐永强，张明生，张丽霞 . 羊肚菌的生物学特性、营养价值及其栽培技术 [J]. 种子，2006(07):97-99.

[276] 徐展兰 . 姬松茸无公害高产栽培 [J]. 云南农业 .2021(05): 83-84.

[277] 许素红 . 香菇绿色高效栽培技术要点 [J]. 农业开发与装备，2021（08）:219-220.

[278] 许永华，陈晓林，金永善，等 . 北方栽培猪苓技术 [J]. 人参研究. 2009，(3):33-35.

[279] 鄢庆祥，孙朋，杜同同，等 . 大球盖菇种植栽培与药用价值研究进展 [J]. 北方园艺 2019，(06):163-169.

[280] 闫培生，李桂舫，蒋家慧，等 . 大球盖菇菌丝生长的营养需求及环境条件 [J]. 食用菌学报，2001，8(01):5-9.

[281] 闫永先，李瑞铭，白文祥 . 海鲜菇无公害生产技术规程 [J]. 河南农业，2011，(04):50-54.

[282] 严奉伟，严泽湘，王桂桢 . 食用菌深加工技术与工艺配方 [M]. 北京：科学技术文献出版社，2002.

[283] 严庭发，兰淑惠，丁野，等 . 十二个灵芝菌株在海南的引种评价 [J]. 热带农业科学，2021，41(08):24-30.

[284] 颜淑婉 . 大球盖菇的生物学特性 [J]. 福建农林大学学报（自然科学版），2002，31(03):401-403.

[285] 杨春花，付士龙，于有功 . 猪苓半野生人工伴栽技术 [J]. 中国食用菌，2010，29(5):63-65.

[286] 杨慧，邓超，秦盛江，等 . 铜仁地区 10 个平菇菌株比较

试验 [J]. 园艺与种苗，2021，41(08):4–5.

[287] 杨晶莹，张驰 . 竹荪多糖的研究进展 [J]. 山东化工，2020，49(17):54–56+59.

[288] 杨静 . 食用菌市场营销品牌定位策略创新 [J]. 中国食用菌，2020，39(10):187–190.

[289] 杨琦智，赵青青，陈青君，等 . 日光温室不同配方和工艺栽培大球盖菇的农艺性状分析 [J]. 中国农学通报，2021，37(14):59–65.

[290] 杨淑云 . 姬松茸栽培研究进展 [J]. 北方园艺 .2017(02):191–195.

[291] 杨文斌 . 金针菇的营养与生长发育条件 [J]. 吉林蔬菜，2018，04:39.

[292] 杨文建，王柳清，胡秋辉 . 我国食用菌加工新技术与产品创新发展现状 [J]. 食品科学技术学报，2019，37(3)：13–18.

[293] 杨兆丹，邸倩倩，刘斌，等. 蘑菇真空预冷后的减压贮藏效果研究 [J]. 食品科技，2015，40(11)：314–317.

[294] 李银凤，刘晓杜 . 贵州省食用菌产业现状与可持续性发展分析 [J]. 中国农学通报，2020，36(16):160–164.

[295] 姚方杰，孙文娟，鲁丽鑫，等 . 毛木耳优良杂交菌株的选育 [J]. 中国食用菌，2020，39(11):18–21.

[296] 姚凤腾，董玉玮，李胜男 . 牛蒡木屑栽培赤芝子实体多糖含量的检测及其配方筛选 [J]. 菌物研究，2021，19(02):129–133.

[297] 姚光伟，叶巧丽，徐来源，等 . 生料、发酵料、熟料 3

种不同栽培料处理方式对大球盖菇栽培的影响 [J]. 蔬菜 2019(06): 60–62.

[298] 叶岚 . 秦巴山区姬松茸栽培关键技术 [J]. 特种经济动植物 .2019，22(01):44–46.

[299] 叶雷，周洁，谭伟，等 . 毛木耳“昊阳黄背 1 号”的选育报告 [J]. 菌物学报，2020，39(12):2383–2385.

[300] 叶松梅 . 袋料灵芝工厂化栽培前景分析 [J]. 食药用菌，2021，29(04):289–291.

[301] 银福军，秦松云，曾纬，等. 姬松茸规范化种植技术要点 [J]. 食用菌，2004(6):31–32.

[302] 尹璿 . 雪榕牌金针菇销售中的品牌效应 [J]. 中国食用菌，2020，39 (12):185–188.

[303] 于洪久，刘杰，郭炜，等 . 一株野生鸡腿菇菌株驯化及产量性状的研究 [J]. 黑龙江农业科学，2020(11):81–83.

[304] 于荣利，张桂玲，秦旭升 . 灰树花研究进展 [J]. 上海农业学报，2005，(03):101–105.

[305] 袁源，李琳，黄海辰，等 . 基于 16S rDNA 扩增子测序分析灵芝连作覆土细菌群落的变化 [J]. 中国农学通报，2021，37(24):116–123.

[306] 张彩云，李省印 . 双孢蘑菇夏季生产栽培技术 [J]. 陕西农业科学，2016，62(01)：124–125.

[307] 张朝辉，张广，闫鹏，等 . 复配杀菌剂防治平菇尖孢镰刀菌病害的效果测定 [J]. 核农学报，2021，35(10):2311–2318.

[308] 张国广，黄家福.南美蟛蜞菊作为食用菌栽培原料的可行性探索试验[J].食药用菌，2020，28(04):259–267.

[309] 张红红，巫素芳，李伟超，等.广东韶关地区黑木耳的栽培技术和管理经验[J].食药用菌，2020，28(05):356–358.

[310] 张辉，丁亚通，党帅，等.中原地区鸡腿菇高效栽培技术[J].食用菌，2020，42(01):54–55.

[311] 张良，张黎.云南野生菌产业发展的调研思考[J].林业建设，2019(01):46–49.

[312] 张琳，董娇，郜丽梅.云南省食用菌产业发展中金融扶持政策的探讨[J].中国食用菌，2021，40(07):107–110.

[313] 张灵芝，陈健.鸡枞菌子实体成分的分析与测定[J].食品工业科技，2012，33(7):358–361.

[314] 张宁宁，张海芳，李超，等.春茬日光温室番茄菇渣栽培专用基质配方筛选试验[J].蔬菜，2021(03):51–54.

[315] 张琪辉.灵芝药渣替代棉籽壳栽培银耳的可行性及营养成分分析[J].中国食用菌，2021，40(07):35–38.

[316] 张祺锶，陶永新，李洪都，等.灰树花工厂化设施栽培出菇技术优化试验[J].蔬菜，2020(04):52–58.

[317] 张瑞华，王承香，田洪霞，等.玉米芯栽培杏鲍菇培养料配方比较试验[J].食用菌，2021，43(04):48–49.

[318] 张巍.大棚香菇栽培技术研究[J].绿色科技，2019(07): 244–245.

[319] 张雄森.姬松茸高产栽培技术及病虫害防治措施[J].河南农

业.2021，(02):4–15.

［320］张秀伟，牛力立，蔡甫格，等.两株野生鸡腿菇分离鉴定及生物学特性研究 [J]. 食用菌，2020，42(05):15–18.

［321］张亚丽，赵书光，贾金川，等.海鲜菇工厂化高产优质袋式栽培技术 [J]. 上海蔬菜，2015，(05):93–94.

［322］张园园，周高新，王勇，等.不同物质对冬荪菌丝生长的影响 [J]. 菌物学报，2021，40(03):557–565.

［323］张振甜.金针菇瓶栽出菇管理要点 [J]. 农村新技术，2015，(12):16–17.

［324］赵彩霞，常堃，蔡婧，等.香菇菌棒腐烂病的发生原因及环节控制 [J]. 湖北植保，2020，(05):45–47.

［325］赵晨.羊肚菌营养成分测定及营养价值评价 [J]. 福建轻纺，2020(03):37–40.

［326］赵敬聪，杨成梅，杜宝胜，等.灰树花 1 号工厂化生产栽培技术 [J]. 中国食用菌，2020，39(06):8–11.

［327］赵清，马宝玲，赵全，等.食用菌工厂化产业的发展趋势探索 [J]. 食品安全导刊，2020(36):177.

［328］赵淑芳.姬松茸无公害高产栽培技术（下）[J]. 农业知识.2015，(11):19–20.

［329］赵湘江，杨兰.贵州省食用菌产业发展研究 [J]. 中国食用菌，2021，40(04):117–126.

［330］赵一苇.开辟细分市场探索“活体菌菇＋林下菌菇”产业 [N]. 东方城乡报，2021–08–19（004）.https://mp. weixin.

qq.com/s src=11×tamp=1632980486&ver=3345&signature=smI3WJC*hTNrMJoVkL8gxtTt3zLLPZLKxEC3DnQSYhWgf-V9WAOhd77E771zJV7c3BtB2IwlV08-FAdYpFb67o92D1ktFbZQvV8r*4MCfXkADjpK5mptklHWTlkcJSWN&new=1.

［331］赵昱．云南 6 种鸡枞菌子实体与菌丝体呈味物质及液体培养的研究［D］．昆明：云南大学，2015.

［332］郑丹丹，胡扬扬，王琦．双孢蘑菇活性成分研究进展．食用菌学报 [J]，2016，23(02):94–103.

［333］郑平安．“一棚三茬”食用菌栽培模式 [N]. 吕梁日报，2020–10–10（002）http://www.lvliang.gov.cn/zmhd/zsk/202010/t20201012_1438049.html.

［334］郑秀艳，孟繁博，邬彩灵，等．黔产冬荪不同部位品质分析与评价 [J]. 现代食品科技，2021，09(16):1–10.

［335］郑旋，王晶，杨彝华，等．贵州主要野生食药用菌资源及开发利用探析 [J]. 南方农业，2020，14(23):96–97.

［336］郑宇，林兴生，陈福如．真姬菇生物学特性研究初报 [J]. 食用菌，23(3):12–13.

［337］钟孟义．论制约我国双孢蘑菇工厂化生产发展的因素与对策 [J]. 食药用菌，2013，21(03):133–138.

［338］周利利，沈卫新，赵根，等．浅谈食用菌产业现状及展望 [J]. 蔬菜，2020(04):59–61.

［339］周莉君，宋良成，侯若彤，等．马桑提取物的抑菌作用和

抑菌机理的初步研究 [J]. 四川大学学报（自然科学版），2006(05):1165–1169.

[340] 周凌波 . 闽真 2 号海鲜菇主要营养成分分析 [J]. 新农村（黑龙江），2018(23):86–87.

[341] 周平贞，吴生堂 . 马桑 – 根瘤菌共生固氮体系研究 – Ⅰ . 马桑根瘤细菌在大豆上结瘤固氮初报 [J]. 中国油料，1980(02):5–7.

[342] 周韬，雷强，杨锌沂，等 . 贵州省食用菌产业发展现状与对策 [J]. 上海蔬菜，2019(6):7–11，24.

[343] 周伟，凌亮，郭尚 . 香菇栽培的不同培养料研究与应用 [J]. 安徽农学通报，2020，26(21):26–28.

[344] 周晓兰，施巧亲，杨梅 . 姬松茸的研究概况 [J]. 福建轻纺，2012，163(12):1–4.

[345] 周晓艳 . 猪苓仿野生栽培技术（下）[N]. 山西科技报，2017–03–21（A05）.https://v.qq.com/x/page/i0350zgu6i4.html.

[346] 朱斗锡 . 羊肚菌人工栽培研究进展 [J]. 中国食用菌，2008，27(04):3–5.

[347] 朱国胜，桂阳，刘鹏，等 . 冬荪仿野生栽培技术 [J]. 农技服务，2018，35(03):36–40.

[348] 朱守亮，赵艳，朱国胜，等 . 贵州省食用菌产业现状及发展对策 [J]. 耕作与栽培，2017(04):50–52.

[349] 朱晓琴，孙涛，张庆琛，等 . 食用菌菌糠在农业种植中的

再利用现状 [J]. 北方园艺，2021(16):170–175.

[350] 朱妍梅 . 新疆双孢蘑菇病虫害综合防治技术 [J]. 北京农业 2014，(09):173–174.

后 记

贵州菌种资源丰富，是全国食用菌产业的重点区、优势区。此外，贵州还发现了6.3亿年前、迄今世界上发现得最早的陆生真菌类化石。贵州的野生食用菌种类占全国的80%以上，是红托竹荪、冬荪、松乳菇、牛肝菌、羊肚菌、灵芝等珍稀食药用菌的著名产地。

贵州持续强化品牌打造、机制构建、要素保障、综合效益“四个强化”，持续抓目标、抓关键、抓重点等，推进产业发展保持良好势头。全省食用菌行业国家级龙头企业3家、省级龙头企业50家、规模以上加工企业24家，年产能1000万棒以上的规模化、标准化重点生产企业115家，形成“大企业顶天立地、小企业铺天盖地”的良好局面，以食用菌为主导产业的省级农业示范园区达30个。贵州已实现食用菌周年化生产，形成黔西南、黔西北、黔东三大产业带，成为南方最大的夏菇生产基地，最大的优质竹荪生产基地，竞争优势明显，其中红托竹荪、冬荪种植规模全国第一，羊肚菌有西南片区定价权，杏鲍菇在黔渝等地市场占有率达70%以上。

贵州把食用菌列入12大农业特色优势产业，出台并落实了菌种繁育、菌材保障、品牌培育、招商引资、特色保险、“黔菌贷”等措施，为产业发展营造了良好政策环境。通过不断探索种植模式。大力推广液体菌种、层架式栽培、废菌棒综合利用等绿色高效生产技术，创新形成“粮—菌”“菜—菌”“林—菌”等高效栽培模式，因地制宜发展工厂化、大棚以及林下、庭院、车库等种植方式，为推进食用菌规模增长拓展了新的空间。

感谢贵州大学提供的各方面的支持。

感谢参与《食用菌产业发展实用指南》编写的各位专家，尤其是贵州大学食用菌研究院的各位同事和博士生（后），为贵州食用菌助力脱贫攻坚和乡村振兴的伟大事业贡献自己的智慧和力量。

徐彦军

贵州大学食用菌研究院

二〇二一年九月